Cinderella / Snow White

# 신데렐라/
# 백설공주

# 신데렐라 / 백설공주

First edition : July 2009

TEL (02)2000-0515 | FAX (02)2271-0172
ISBN 978-89-17-23753-5

# YBM Reading Library 는 ...

쉬운 영어로 문학 작품을 즐기면서 영어 실력을 크게 향상시킬 수 있도록 개발된 독해력 완성 프로젝트입니다. 전 세계 어린이와 청소년들에게 재미와 감동을 주는 세계의 명작을 이제 영어로 읽으세요. 원작에 보다 가까이 다가가는 재미와 명작의 깊이를 느낄 수 있을 거예요.

350 단어에서 1800 단어까지 6단계로 나누어져 있어 초·중·고 어느 수준에서나 자신이 좋아하는 스토리를 골라 읽을 수 있고, 눈에 쉽게 들어오는 기본 문장을 바탕으로 활용도가 높고 세련된 영어 표현을 구사하기 때문에 쉽게 읽으면서 영어의 맛을 느낄 수 있습니다. 상세한 해설과 흥미로운 학습 정보, 퀴즈 등이 곳곳에 숨어 있어 학습 효과를 더욱 높일 수 있습니다.

이야기의 분위기를 멋지게 재현해 주는 삽화를 보면서 재미있는 이야기를 읽고, 전문 성우들의 박진감 있는 연기로 스토리를 반복해서 듣다 보면 리스닝 실력까지 크게 향상됩니다.

세계의 명작을 읽는 재미와 영어 실력 완성의 기쁨을 마음껏 맛보고 싶다면, YBM Reading Library와 함께 지금 출발하세요!

# YBM Reading Library

책을 읽기 전에 가볍게 워밍업을 한 다음, 재미있게 스토리를 읽고, 다 읽고 난 후 주요
구문과 리스닝까지 꼭꼭 다지는 3단계 리딩 전략! YBM Reading Library, 이렇게 활용
하세요.

## Before the Story

### Words in the Story
스토리에 들어가기 전,
주요 단어를 맛보며 이야기의
분위기를 느껴 보세요~

## In the Story

### ★ 스토리
재미있는 스토리를 읽어요. 잘 모른다고
멈추지 마세요. 한 페이지, 또는 한 chapter를
끝까지 읽으면서 흐름을 파악하세요.

### ★★ 단어 및 구문 설명
어려운 단어나 문장을 마주쳤을 때,
그 뜻이 알고 싶다면 여기를 보세요.
나중에 꼭 외우는 것은 기본이죠.

---

★

Suddenly, her Godmother appeared.
She touched Cinderella with her wand.
"Ting!!!"
Cinderella was again dressed in a beautiful gown
and fine jewels.
The stepsisters and their mother were shocked!
They fell to their knees. [1]
"Oh, no!" they cried.
"You are the mysterious stranger!"
"Please forgive us," begged her stepmother.
"Of course, I will," said Cinderella, kindly.
"I love you so much," said the Prince.
"Will you marry me?"
"Yes, my love," said Cinderella.

★★

- ☐ fine jewels 좋은 보석들
- ☐ shocked 충격을 받은
- ☐ forgive 용서하다
- ☐ of course 물론
- ☐ beg 애원하다

- ☐ splendid 성대한, 화려한
- ☐ wedding 결혼식
- ☐ be held (행사 등이) 열리다
- ☐ celebrate 축하하다
- ☐ ever after 이후로 쭉

[1] **fall to one's knees** ...의 무릎을 꿇다
They fell to their knees. 그들은 무릎을 꿇었다.

48 • Cinderella

### ★★★ 돌발 퀴즈
스토리를 잘 파악하고
있는지 궁금하면 돌발 퀴즈로
잠깐 확인해 보세요.

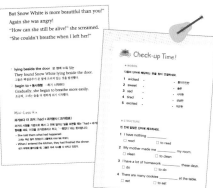

But Snow White is more beautiful than you!"
Again she was angry!
"How can she still be alive!" she screamed.
"She couldn't breathe when I left her!"

**lying beside the door** 문 옆에 누워 있는
They found Snow White lying beside the door.
그들은 백설공주가 문 옆에 쓰러져 있는 것을 발견했다.

**begin to + 동사원형** ─ 하기 시작하다
Gradually, she began to breathe more easily.
조금씩, 그녀는 숨을 더 편하게 쉬기 시작했다.

## Mini-Lesson

너무나 중요해서 그냥 지나칠 수 없는
알짜 구문은 별도로 깊이 있게 배워요.

### Check-up Time!

한 chapter를 다 읽은 후 어휘, 구문,
summary까지 확실하게 다져요.

### Focus on Background

작품 뒤에 숨겨져 있는 흥미로운 이야기를
읽으세요. 상식까지 풍부해집니다.

The next day, a splendid wedding was held for
Cinderella and her Prince.
Many people came to celebrate their wedding.
Cinderella and the Prince lived happily ever after.

★★★ ❓ Who married the Prince?

∟

©Chapter 3 • 49

## After the Story

**Reading X-File** 이야기 속에 등장했던
주요 구문을 재미있는 설명과 함께 다시 한번~

**Listening X-File** 영어 발음과 리스닝 실력을 함께
다져 주는 중요한 발음법칙을 살펴봐요.

## MP3 Files

www.ybmbooksam.com에서 다운로드 하세요!

YBM Reading Library

이제 아름다운 이야기가 시작됩니다

# Cinderella

## _ Before the Story

## _ In the Story

# Snow White

## _ Before the Story

## _ In the Story

### Chapter 1

### Chapter 2

### Chapter 3

## _ After the Story

*a Beautiful Invitation*
— YBM Reading Library

# Cinderella

Charles Perrault

# Charles Perrault (1628~1703)

샤를 페로는 …

프랑스 파리의 부유한 부르주아 가정에서 태어나 당대 최고의 학교에서 수학한 후, 변호사로 사회 생활을 시작하였다.

문학을 즐기는 친구들을 만나게 되면서 글을 쓰기 시작한 페로는 1695년 아내의 죽음을 계기로 아이들에게 헌신하기로 결심한 후 구전 민담을 모아 동화로 재구성하는 일에 전력을 다하였다.

1697년에 출간된 페로의 대표적인 동화집 〈거위 아주머니 이야기(Tales of Mother Goose)〉는 페로가 아이들을 위해 유럽 여러 나라에 떠도는 민담을 빌어 쓴 것으로, '동화'라는 새로운 문학 장르의 초석을 다지는 계기가 되었다. 이 동화집 안에는 지금까지도 세계적으로 사랑받고 있는 「잠자는 숲 속의 공주(Sleeping Beauty)」, 「빨간 모자(Red Hood)」, 「장화 신은 고양이(Puss in Boots)」 등이 포함되어 있다. 민담을 품위가 없다며 무시했던 17세기 당시 프랑스의 귀족들과는 달리, 옛 이야기 속에 담긴 교훈을 어린이들에게 들려주기 위해 노력한 샤를 페로는 '프랑스 아동 문학의 아버지'라고 불리고 있다.

# Cinderella

신데렐라는 …

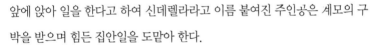

유럽에서 오랫동안 전해 내려오던 대표적
인 의붓자식 이야기로, 1697년 샤를
페로에 의해 '재를 뒤집어 쓰다'라는
뜻인 〈상드리용 : Cendrillon〉이라는
제목으로 처음 출판되었다. 항상 부엌 아궁이
앞에 앉아 일을 한다고 하여 신데렐라라고 이름 붙여진 주인공은 계모의 구
박을 받으며 힘든 집안일을 도맡아 한다.

어느 날, 왕자님의 무도회에 간 계모의 두 딸을 부러워하며 울고 있는 신데
렐라 앞에 대모 요정이 나타난다. 대모 요정의 도움으로 왕자님의 파티에
참석한 신데렐라는 밤 12시가 되어 급히 집으로 돌아오다가 유리구두 한
짝을 잃어버리게 되고 왕자는 유리구두가 맞는 아가씨를 아내로 삼겠다고
발표한다. 누구에게도 맞지 않던 구두가 신데렐라의 것으로 밝혀지면서 그
녀는 왕자와 결혼하게 된다.

〈신데렐라〉는 힘든 역경 속에서도 아름다운 마음씨를 잃지 않은 신데렐라
가 결국 왕자와 행복한 결혼을 하게 된다는 결말을 보여줌으로써 세계 어린
이들에게 권선징악의 교훈을 주고 있다.

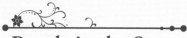

# People in the Story

신데렐라에 등장하는 인물들을 살펴볼까요?

**Prince**

신데렐라를 보고 한눈에 반한 왕자. 도망가던
신데렐라의 벗겨진 유리구두로 그녀를 찾는다.
신데렐라와 행복한 결혼을 한다.

**Cinderella**

엄마를 병으로 잃은 소녀. 새엄마와
새언니들에게 심한 구박을 받지만
불평하지 않고 상냥한 마음을 잃지
않는다. 대모 요정의 도움으로
무도회에서 왕자를 만난다.

## Fairy Godmother

신데렐라의 대모 요정. 신데렐라를 도와 왕자의 무도회에 갈 수 있게 해 준다.

## Stepmother

신데렐라의 아버지와 재혼한 새엄마. 의붓딸인 신데렐라를 구박한다. 딸들을 왕자와 결혼 시키려고 애쓴다.

## Stepsisters

새엄마의 딸들. 사치스럽고 게으르며 신데렐라를 구박한다.

# Words in the Story

신데렐라 집에 초대합니다. 집안의
단어들을 함께 볼까요?

**attic**
다락방

**rat**
쥐

**kitchen**
부엌

**fire**
아궁이

**cinder**
재

**work hard**
열심히 일하다

**housework**
집안일

**little food**
적은 음식

**beautiful**
아름다운

**sweet**
상냥한

**loving**
사랑스러운

**Cinderella**
재투성이 소녀

**dirty dress**
더러운 옷

**glass slipper**
유리구두

**clean the floor**
마루를 닦다

**wash the clothes**
빨래하다

**mop**
대걸래

**prepare the food**
음식을 준비하다

**cold**
추운

**bed**
침대

**thin**
깡마른

**selfish**
이기적인

**plump**
포동포동한

**wicked**
사악한

**stepsisters**
새언니들

**stepmother**
새엄마

**beautiful clothes**
예쁜 옷

**silk**
비단

**pretty shoes**
예쁜 구두

**living room**
거실

**warm**
따뜻한

**carpeted**
카펫이 깔린

**plenty of food**
많은 음식들

**flowers**
꽃

**table**
식탁

**have fun**
즐겁게 놀다

**hat**
모자

### CHAPTER 1

# The Wicked Stepmother
사악한 새엄마

Once upon a time, there lived a pretty girl. <sup>★ 1</sup>

Her name was Ella.

영거운 중세시대에 '젊은이'를 의미하여
소년과 소녀 모두에 쓰였어요. '소녀'로만
쓰이게 된 것은 최근의 일이랍니다.

She lived happily with her parents.

She was a sweet and loving daughter.

But unfortunately, Ella's mother became very ill
and died. <sup>2</sup>

Before she died, she called her only daughter to her
bedside.

"My dearest child," she said,

"Be good and kind. And God will always help you."

---

□ wicked 사악한, 나쁜
□ once upon a time 옛날 옛적에
□ sweet 상냥한
□ loving 사랑스러운
□ unfortunately 불행히도

□ die 죽다
□ bedside 침대 곁
□ some years later 몇 년 후에
□ marry 결혼하다
□ selfish 이기적인

Some years later, Ella's father married again.

He hoped that his new wife would be a good

mother.

But she was a wicked woman.

Her two daughters were wicked and selfish, too.

---

1 **there lived + 주어** …가 살았다
  Once upon a time, there lived a pretty girl.
  옛날 옛적에 예쁜 소녀가 살았다.

2 **become ill** 병이 들다
  But unfortunately, Ella's mother became very ill and died.
  하지만 불행하게도, 엘라의 엄마는 매우 아파서 죽게 되었다.

Ella grew up to be a beautiful young girl.

Her stepmother and stepsisters were very jealous.

They hated Ella.

They made Ella do all the housework. [1]

She cleaned the floors, washed the clothes,

and prepared the food.

She worked hard from sunrise to sunset.

Poor Ella wore only dirty clothes.

She slept in a cold attic.

□ **grow up** 자라다 (grow-grew-grown)
□ **stepmother** 새엄마
□ **stepsister** 새언니
□ **jealous** 질투하는
□ **clean** 청소하다
□ **wash** 빨래하다, 씻다
□ **clothes** 옷
□ **prepare** 준비하다
□ **from sunrise to sunset**
　　해뜰 때부터 해질 때까지
□ **wear** 옷을 입다 (wear-wore-worn)
□ **attic** 다락방
□ **carpeted** 카펫이 깔린
□ **closet** 옷장, 벽장
□ **be full of** …로 가득 차다
□ **have fun** 즐겁게 놀다

But her stepsisters never did any work.

They had warm, carpeted bedrooms.

Their closets were full of beautiful clothes.

They spent everyday having fun.²

1  **make＋A(목적어)＋동사원형** ···에게 ~하라고 시키다
They made Ella do all the housework.
그들은 엘라에게 모든 집안 일을 하게 시켰다.

2  **spend＋시간＋...ing** ···하면서 시간을 보내다(spend-spent-spent)
They spent everyday having fun.
그들은 하루 종일 재미있게 놀며 지냈다.

Ella was sad and tired.

But she did not complain.

When she had finished her work, she sat by the fire to keep warm.

Then her stepsisters would tease her.

"Look at her! She's so dirty!"

"She's covered with dirty cinders!" [1]

"We should call her Cinderella! [2]

Yes, let's call her Cinderella!" ☀

"Cinderella, fetch my new hat!"

"Cinderella, you are stupid!

Get the blue hat, not the yellow one!"

---

- ☐ tired 피곤한
- ☐ complain 불평하다
- ☐ finish 마치다, 끝내다
- ☐ sit 앉다 (sit-sat-sat)
- ☐ by the fire 난로 옆에
- ☐ keep warm (몸을) 따뜻하게 하다
- ☐ tease 괴롭히다, 놀리다

- ☐ look at …을 보다
- ☐ cinder 재
- ☐ call 부르다
- ☐ let's …하자
- ☐ fetch 가지고 (데리고) 오다
- ☐ stupid 어리석은
- ☐ get 가서 가져오다

1 **be covered with** …로 덮여 있다
   She's covered with dirty cinders! 그녀는 더러운 재로 뒤덮여 있어!

2 **should + 동사원형** …해야 한다
   We should call her Cinderella! 우리는 그녀를 신데렐라라고 불러야 돼!

### 뭐라고 부를까?: call + A (목적어) + 이름 (목적보어)

See p.98

'…를 ～라고 부르다'라고 할 때는 「call + A (목적어) + 이름」을 쓰면 되죠.
이때 A (목적어)는 목적격으로 쓴다는 것을 알아두세요.

- Yes, let's call her Cinderella! 그래, 그녀를 신데렐라라고 부르자!
- Just call me Steve. 그냥 나를 스티브라고 불러 줘.

One day, an invitation came from the palace.

They were all invited to the Prince's ball.

The stepmother and her daughters were very excited.

All day long, they talked about their new dresses. [1]

□ **one day** 하루는, 어느 날
□ **invitation** 초대장
□ **palace** 궁궐, 성
□ **be invited to** …에 초대되다
□ **ball** 무도회, 파티

□ **excited** 흥분한
□ **thin** 마른, 여윈
□ **notice** 주목하다, 알아채다
□ **plump** 포동포동한, 통통한
□ **especially** 특히, 특별히

1 **all day long** 하루 종일
All day long, they talked about their new dresses.
하루 종일 그들은 새 드레스에 대해 이야기했다.

2 **especially when ...** 특히 …할 때
Especially when I wear my silk dress!
특히 내가 실크 드레스를 입었을 때!

"I will wear my blue dress,"

said the thin stepsister.

"I will be the most beautiful lady there!"

"No, the Prince will only notice me,"

said the plump stepsister.

"Especially when I wear my silk dress!" [2]

❓ 새엄마와 새언니들이 흥분한 이유는?

a. 무도회를 열게 되어서
b. 파티에 초대되어서
c. 새 드레스를 갖게 되어서

정답 은 b

Mini-Less☀n

**최고에게는 the most**

최고를 가리켜 '가장 …한' 이라고 표현할 때는 「the most + 형용사」를 쓰세요.

• I will be the most beautiful lady there! 나는 거기서 가장 아름다운 숙녀일 거야!
• Jane is the most excellent student in my class. 제인은 우리 반에서 가장 뛰어난 학생이다.

On the day of the ball, Cinderella had to help her stepsisters. [1]

She ironed their dresses and cleaned their shoes.

She also helped them do their hair. [2]

"Cinderella," said one stepsister,

"do you want to go to the ball?"

"I'd love to go," she said quietly.

"But I have nothing to wear." ☀

"Oh, you are right," said the other.

"People will only laugh at you!"

---

1  **have to + 동사원형** ···해야 한다
   On the day of the ball, Cinderella had to help her stepsisters.
   무도회 날, 신데렐라는 새언니들을 도와줘야 했다.

2  **help + A (목적어) + (to) + 동사원형** ···가 ~하는 것을 도와주다
   She also helped them do their hair.
   그녀는 또한 그들이 머리 손질하는 것을 도왔다.

□ on the day of ···의 날에
□ iron 다림질하다
□ do one's hair 머리를 손질하다
□ would love to + 동사원형 ···하고 싶다
□ nothing 아무것도 ···하지 않은
□ right 옳은
□ laugh at ···를 비웃다
□ coach 마차
□ arrive 도착하다
□ take ... to ~ ···를 ~로 데리고 가다
□ until ···까지
□ no longer 더 이상 ···않다
□ miserable 비참한

Finally, the coach arrived and took them to the ball.
Cinderella watched them until she could no longer
see them.

She was very miserable.

So she ran to the kitchen.

She began to cry.

❓ 신데렐라의 기분은?
a. happy
b. sad
c. excited
정답 ②

Mini-Less☀n

### wear vs. to wear

wear는 '입다'라는 뜻의 동사예요. 여기에 to가 붙어, to wear가 되면
'입을'이라는 뜻이 되어 앞의 명사를 수식해 주는 형용사 역할을 하죠.

• But I have nothing to wear. 하지만 난 입을 것이 없어.
• Do you have something to read? 뭔가 읽을 것을 가지고 있니?

# Check-up Time!

● **WORDS**

다음의 단어에 해당하는 뜻을 찾아 연결하세요.

1 wicked •          • 흥미진진한

2 sweet •          • 슬픈

3 sad •          • 사악한

4 tired •          • 상냥한

5 excited •          • 피곤한

● **STRUCTURE**

빈 칸에 알맞은 단어에 체크하세요.

1 I have nothing _____.

　□ read　　　　　□ to read

2 My mother made me _____ my room.

　□ clean　　　　　□ to clean

3 I have a lot of homework _____ these days.

　□ do　　　　　□ to do

4 There are many cookies _____ at the table.

　□ eat　　　　　□ to eat

각 등장인물을 가장 잘 설명한 말을 골라 빈 칸에 기호를 쓰세요.

**1**  ___  **2**  ___  **3**  ___

**4**  ___  **5**  ___

> a. sweet and lovely      d. wicked and jealous
> b. wicked and thin       e. warm and daughter-loving
> c. selfish and fat

● SUMMARY

빈 칸에 알맞은 말을 보기에서 골라 넣어 이야기를 완성하세요.

> Cinderella had a (     ) and two stepsisters. They hated
> Cinderella. She had to (     ) all day long. One day, the
> Prince invited them to the (     ). Her two stepsisters
> were (     ) and left for the palace. Cinderella could not
> go, so she was (     ).

a. sad    b. excited    c. ball    d. work    e. stepmother

**ANSWERS**

Summary | e, d, c, b, a
Comprehension | 1. d  2. b  3. e  4. c  5. a

### CHAPTER 2

# A Night at the Ball

무도회 밤

Suddenly, there was a flash of light!

Then a fairy appeared.

"I am your Godmother," said the fairy.

"Why are you crying, dear child?"

"I am so lonely," she sobbed.

"I want... I want to go to the ball."

"You can go to the ball, Cinderella!" she said.

"Bring me your largest pumpkin."

lonely는 all과 one이 결합한 '하나의'란 뜻의 alone에서 유래한 단어로, a가 탈락되면서 '고독한'의 뜻인 lonely가 되었답니다.

□ **suddenly** 갑자기
□ **a flash of light** 번쩍임, 섬광
□ **fairy** 요정
□ **appear** 나타나다
□ **Godmother** 대모
□ **dear** 귀여운, 소중한
□ **lonely** 외로운

□ **sob** 흐느끼다
□ **pumpkin** 호박
□ **wonder** 궁금하다
□ **touch** 치다, 건드리다
□ **magic wand** 마술 지팡이
□ **believe** 믿다
□ **shout** 소리치다

Cinderella wondered why she wanted a pumpkin.
But she brought her Godmother the biggest one. [1]
The Godmother touched it
with her magic wand.
"Ting!!!"
Suddenly, the big pumpkin
turned into a gold coach. [2]
Cinderella could not
believe her eyes!
"Wow!" she shouted.

[1] **bring + A (간접목적어) + B (직접목적어)**
A에게 B를 가져다 주다
But she brought her godmother
the biggest one.
그러나 그녀는 대모에게 가장 큰 것을 가져다 주었다.

[2] **turn into** …로 변하다
Suddenly, the big pumpkin
turned into a gold coach.
갑자기, 그 큰 호박이 황금
마차로 변했다.

"Now, run to the barn, and bring me six mice," ☀
said her Godmother.
Cinderella brought them to her Godmother.
She touched them with her wand.
"Ting!!!"
The six mice turned into six white horses!
"Now, find me a large black rat and
six lizards." [1]

"Okay," said Cinderella.
She hurried into the garden and
caught the rat and lizards.
With a touch of the magic wand,
the rat became a coachman. [2]
The lizards became six footmen.
Cinderella was surprised.
"Wow! How amazing!" she said.

---

[1] **find + A (간접목적어) + B (직접목적어)** A에게 B를 찾아 주다
Now, find me a large black rat and six lizards.
이제 큰 검은 쥐와 도마뱀 여섯 마리를 찾아 다오.

[2] **with a touch of the magic wand** 마술 지팡이가 건드리자
With a touch of the magic wand, the rat became a coachman.
마술 지팡이로 건드리자, 그 쥐는 마부로 변했다.

- □ barn 헛간
- □ mice 생쥐들 (단수는 mouse)
- □ rat 쥐
- □ lizard 도마뱀
- □ hurry into 급히 …로 가다

- □ catch 잡다 (catch-caught-caught)
- □ coachman 마부
- □ footman 하인
- □ surprised 놀란
- □ How amazing! 놀라워라!

## Mini-Less☀n

**명령할 때는 동사만 앞으로!**

'문 열어라', '가져와라' 등과 같이 명령을 할 때는 주어 없이 그냥 동사 Open,
Bring으로 시작하세요.

- Run to the barn, and bring me six mice. 헛간으로 달려가서 생쥐 여섯 마리를 가져오너라.
- Finish your homework before dinner. 저녁 식사 전까지 숙제를 끝내라.

"Now, you can go to the ball,"
said her Godmother.
"But I can't go in this dirty dress,"
said Cinderella, sadly.
"Oh, don't worry!" her Godmother said.
She touched Cinderella with her wand.
"Ting!!!"
Cinderella ran to look at herself in the mirror.
She was wearing a beautiful gown!
Sapphires were shining in her hair!
Then, her Godmother gave her a pair of glass
slippers. [1]
"Now listen carefully, Cinderella!
You must leave the ball before midnight. [2]
After midnight, your coach will turn back into
a pumpkin.

□ worry 걱정하다
□ look at oneself 자기 자신을 보다
□ gown 가운, 드레스
□ sapphire 사파이어
□ a pair of 한 쌍의
□ glass slipper 유리 구두

□ carefully 주의깊게
□ leave 떠나다
□ midnight 밤 12시, 자정
□ turn back into …로 되돌아가다
□ disappear 사라지다
□ enjoy oneself 즐기다

And your horses, coachman and footmen will disappear."

"I will," said Cinderella.

"Go and enjoy yourself," said her Godmother.

1　**give＋A(간접목적어)＋B(직접목적어)** A에게 B를 주다
Then, her Godmother gave her a pair of glass slippers.
그리고 나서, 대모는 그녀에게 유리 구두 한 켤레를 주었다.

2　**must＋동사원형** 반드시 …해야 한다
You must leave the ball before midnight.
너는 자정 전까지 반드시 무도회장을 떠나야 한다.

When Cinderella arrived at the palace,

the Prince was surprised at her beauty.

He fell in love with her at first sight.

He took her hand and led her onto the dance floor.

He never left her side all evening.

But no one knew who the mysterious stranger was!

"Who is that beautiful girl?" they said.

"Oh, look at her beautiful gown!"

they whispered.

"She is lovely," others said.

"She must be a princess!"

□ **beauty** 아름다움
□ **fall in love with** …와 사랑에 빠지다
□ **at first sight** 첫눈에
□ **lead** 인도하다 (lead-led-led )
□ **mysterious** 신비한

□ **stranger** 이방인
□ **whisper** 속삭이다
□ **lovely** 사랑스러운, 아름다운
□ **princess** 공주
□ **all night** 밤새 내내

1  **no one** 아무도 …않다
But no one knew who the mysterious stranger was!
그러나 아무도 그 신비한 낯선 숙녀가 누구인지 몰랐다!

2  **take one's eyes off** …에서 시선을 떼다
Nobody could take their eyes off her.
아무도 그녀에게서 눈길을 떼지 못했다.

Cinderella and the Prince danced and danced
all night.
Nobody could take their eyes off her. [2]

After a while, the clock began to strike eleven forty-five.

It was time for Cinderella to leave. ☀

The Prince kissed her hand.

"I would like to see you again tomorrow," [1]
said the Prince.

Then her coach carried her home.

1 **would like to + 동사원형** …하고 싶다
I would like to see you again tomorrow.
당신을 내일 다시 만났으면 좋겠습니다.

2 **had + 과거분사** …했었다 (과거보다 더 앞선 시점을 이야기할 때)
Her beautiful gown had turned into her dirty clothes!
그녀의 아름다운 드레스는 낡은 옷으로 변해 있었다!

When she arrived home, the clock struck twelve o'clock.

Then her coach turned back into a fat pumpkin.

The horses turned into mice.

And her coachman and footmen turned into the rat and lizards.

Cinderella looked down her clothes.

Her beautiful gown had turned into her dirty clothes! [2]

Cinderella sat down by the fire.

Soon after, her stepmother and stepsisters returned home.

 변화를 잘못 표시한 것은?

a. coach → pumpkin
b. horse → mouse
c. footman → rat

□ after a while 잠시 후에
□ strike (시계가) 치다 (strike-struck-struck)
□ carry 나르다, 운반하다

□ look down 내려다 보다
□ soon after 오래지 않아
□ return 돌아오다

Mini-Less☼n

See p.99

이제는 …할 시간: It is time to ...

'숙제 할 시간이다', '학교 갈 시간이다' 라는 말, 어떻게 쓸까요?
'…할 시간이다' 라는 말은 It is time (for + 사람) + to + 동사원형으로 나타내죠.

• It was time for Cinderella to leave. 신데렐라가 떠날 시간이었다.
• It is time (for you) to study English. (네가) 영어 공부할 시간이다.

"The ball was wonderful!" said her stepsister.

"The Prince looked very handsome. [1]

But he only danced with one woman all night.

She was very beautiful and mysterious!"

"Who was she?" asked Cinderella.

"Nobody knows," said her stepmother.

"She might be a princess! [2]

Everyone kept watching her, especially the Prince!"

"Really?" said Cinderella.

"I'd love to go to the ball tomorrow."

"What? Look at you!" shouted her stepsisters.

"You are so dirty! Don't be stupid!"

---

□ wonderful 멋진
□ handsome 잘생긴
□ keep ...ing 계속 …하다
□ the next night 그 다음날 밤
□ as before 전처럼
□ prepare 준비하다

□ golden 금빛의
□ diamond 다이아몬드
□ sparkle 번쩍이다, 빛을 발하다
□ the night before 그 전날 밤
□ remember 기억하다, 명심하다
□ forget 잊다 (forget-forgot-forgotten)

The next night, her fairy Godmother appeared again.

As before, she prepared everything for Cinderella.

Her golden gown was lovely.

Diamonds sparkled in her hair.

She was more beautiful than the night before. ☀

"Now, remember!" said her Godmother.

"Leave before midnight."

"Yes, I won't forget,"

said Cinderella, as she left.

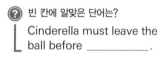

❓ 빈 칸에 알맞은 단어는?
Cinderella must leave the
ball before _____.

정답 midnight

1  **look + 형용사** …해 보이다
   The Prince looked very handsome. 왕자님은 매우 잘생겨 보였어.

2  **might be** …일지도 모른다 (추측)
   She might be a princess! 그녀는 공주일지도 몰라!

### Mini-Less☀n

**비교할 때는 more ~ than(…보다 더 ~한)**

앞에서 '가장 예쁜'이 the most beautiful이라고 배웠죠? '더 예쁜'은 more
beautiful이에요. 「more＋형용사＋than」은 '…보다 더 ~한'이란 뜻이 되죠.

• She was more beautiful than the night before. 그녀는 전날 밤보다 더 아름다웠다.
• Jamie is more handsome than his brother. 제이미는 그의 형보다 더 잘생겼다.

 Check-up Time!

● WORDS

빈 칸에 알맞은 단어를 보기에서 골라 써 넣어 문장을 완성하세요.

| lonely | mysterious | fat | wonderful | dirty |

**1** Tom looked at his _____ hands, and ran to the bathroom.

**2** My cat eats too much, so it becomes _____.

**3** The dance party was so _____!

**4** The old man feels _____ because he has no family.

**5** That man is so _____. No one knows who he is.

● STRUCTURE

괄호 안의 단어를 바르게 배열해 문장을 다시 쓰세요.

**1** I ( gave, some books, her ).

→ _____

**2** Cinderella ( a pumpkin, found, her Godmother ).

→ _____

**3** ( me, an umbrella, bring ) as soon as possible.

→ _____

본문의 내용과 일치하면 True, 일치하지 않으면 False에 표시 하세요.

**1** Cinderella's Godmother helped her go to the ball.

☐ True          ☐ False

**2** A big pumpkin turned into a coachman.

☐ True          ☐ False

**3** A beautiful lady at the ball was Cinderella.

☐ True          ☐ False

**4** Two stepsisters gave Cinderella a lovely dress.

☐ True          ☐ False

● SUMMARY

빈 칸에 알맞은 말을 보기에서 골라 넣어 이야기를 완성하세요.

---

Cinderella's (          ) appeared and made her go to the
(          ). She prepared a coach, a coachman, and (          )
for Cinderella. She also gave Cinderella a (          ) dress.
Cinderella had a good time with the (          ). Everyone at
the ball was surprised at her beauty.

---

a. ball

b. Prince

c. Godmother

d. footmen

e. beautiful

### CHAPTER 3

# The Glass Slipper

유리 구두

As soon as Cinderella entered the party,

the Prince came to her side.

They laughed and danced all night.

Cinderella enjoyed herself so much that she forgot

the time. [1]

Suddenly, Cinderella heard a clock striking

midnight.

She jumped up in surprise.

Without a word, she ran from the ballroom.

She dropped one of her glass slippers on the steps.

But she did not have time to pick it up.

---

□ as soon as ⋯하자마자
□ hear + A (목적어) + ...ing
　⋯가 ~하는 것을 듣다
□ jump up 뛰어 오르다
□ in surprise 놀라서
□ without a word 한 마디도 없이

□ pick up 집어 올리다
□ follow 뒤따르다
□ maid 하녀, 여자
□ run down 뛰어 내려오다
□ staircase 계단 (전체)
□ stairs 계단 (한 단)

1　so + 형용사 (부사) + that + 절　너무 ⋯해서 ~하다
　Cinderella enjoyed herself so much that she forgot the time.
　신데렐라는 너무나 즐거워서 시간을 잊어버렸다.

The Prince followed, but he could not catch her.
The beautiful stranger had disappeared.
He only saw a dirty little maid running down
the staircase.
The Prince was very unhappy.
Then he saw something shiny on the stairs.
It was her glass slipper!

Cinderella's coach disappeared.

So she had to walk home.

She was very tired and sat down to rest.

Soon her stepmother and stepsisters arrived.

"The mysterious woman was at the ball again,"

said one stepsister.

"She was really beautiful!"

"The Prince clearly loves her!" said the other.

"But she disappeared at midnight again!"

shouted her stepmother.

"She keeps running away! [1]

She must have a secret!" ☀

Cinderella kept silent.

Only she knew the beautiful stranger's secret!

❓ Who was the mysterious stranger?

L _____

정답 Cinderella

---

☐ rest 쉬다
☐ clearly 분명히, 확실히
☐ run away 도망가다
☐ secret 비밀
☐ keep silent 침묵을 지키다
☐ a few days later 며칠 뒤에

☐ announce 발표하다, 공지하다
☐ kingdom 왕국
☐ fit (옷 등이) 딱 맞다
☐ true love 진실한 사랑
☐ hundreds of 수백 명의
☐ try on ⋯을 입어 (신어) 보다

A few days later, the palace announced.

*"Listen, all you good people.*
*The Prince will visit every home in the kingdom.*
*He will marry the girl whose foot fits this glass slipper."* [2]

fit은 고대 스칸디나비아어 '(직물을) 짜다'에서 유래된 말이에요. 딱 맞는다는 의미에서 유래되었답니다.

Everyone was very excited.
"Will the Prince find his true love?"
they wondered.
Hundreds of young ladies
tried on the glass slipper.
But nobody had the right size foot!

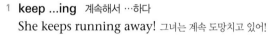

---

1  **keep ...ing** 계속해서 …하다
   She keeps running away! 그녀는 계속 도망치고 있어!
2  **the girl whose foot fits ...** 발이 …에 맞는 소녀 (whose 이하가 the girl 수식)
   He will marry the girl whose foot fits this glass slipper.
   그는 이 유리 구두가 발에 맞는 소녀와 결혼할 것이다.

Mini-Less✺n

**확실해? 그렇다면 must**

지금까지 must를 '…해야 한다'는 '의무'의 뜻으로 배웠죠?
must는 '…임이 틀림없다'는 '확신'의 뜻을 나타내기도 해요.

• She must have a secret! 그녀는 비밀이 있는 것이 분명해!
• Bill must be smart. 빌은 틀림없이 영리해.

At last, the Prince came to Cinderella's house.

"It will fit my foot," said the tall, thin stepsister.

But her foot was too long!

"Let me try!" said the short, plump stepsister. ☀

She pushed and pulled, but her foot was too fat!

"May I try it on?" said Cinderella.

"You!" cried her stepsisters.

"You never went to the ball!

Go and finish washing the floors!"

□ at last 마침내, 결국
□ push and pull 밀고 당기다
□ May I ...? 내가 …해도 될까요?

□ finish ...ing …하는 것을 끝내다
□ perfectly 꼭, 완벽하게
□ put on …을 신다[입다]

"Come, try it on," said the Prince, kindly.

"Every young woman in the kingdom must try on
this glass slipper."

Cinderella sat down to try it on.

It fitted perfectly!

She took the other slipper from her pocket
and put it on.

Mini-Less ☀n

…하게 해 주세요: Let me + 동사원형

'…하게 해 주세요'라고 허락을 구할 때는 「Let me + 동사원형」을 써서 말해 보세요.

• Let me try! 나도 신어보게 해 주세요!
• Let me introduce myself. 내 소개를 할게.

Suddenly, her Godmother appeared.

She touched Cinderella with her wand.

"Ting!!!"

Cinderella was again dressed in a beautiful gown and fine jewels.

The stepsisters and their mother were shocked!

They fell to their knees. [1]

"Oh, no!" they cried.

"You are the mysterious stranger!"

"Please forgive us," begged her stepmother.

"Of course, I will," said Cinderella, kindly.

"I love you so much," said the Prince.

"Will you marry me?"

"Yes, my love," said Cinderella.

□ fine jewels 좋은 보석들
□ shocked 충격을 받은
□ forgive 용서하다
□ of course 물론
□ beg 애원하다

□ splendid 성대한, 화려한
□ wedding 결혼식
□ be held (행사 등이) 열리다
□ celebrate 축하하다
□ ever after 이후로 쭉

1 **fall to one's knees** …의 무릎을 꿇다
  They fell to their knees. 그들은 무릎을 꿇었다.

The next day, a splendid wedding was held for
Cinderella and her Prince.
Many people came to celebrate their wedding.
Cinderella and the Prince lived happily ever after.

 # Check-up Time!

● **WORDS**

퍼즐의 빈 칸에 들어갈 알맞은 낱말을 쓰세요.

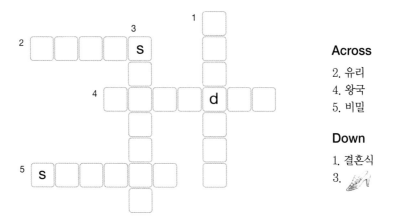

**Across**

2. 유리
4. 왕국
5. 비밀

**Down**

1. 결혼식
3.

● **STRUCTURE**

**must**가 보기와 같은 뜻으로 쓰인 문장을 고르세요.

> She <u>must</u> be a princess!

**1** I <u>must</u> finish my homework before dinner.

**2** I <u>must</u> be there at 7 o'clock.

**3** The girl <u>must</u> have a secret!

**4** You <u>must</u> study hard for the exam.

아래 사건이 일어난 순서대로 번호를 쓰세요.

a. The glass slipper fit Cinderella's foot perfectly.

b. Cinderella danced with the Prince all night.

c. Cinderella became the Prince's wife.

d. The clock struck 12 o'clock.

e. Cinderella ran away, and left one slipper behind.

(    ) → (    ) → (    ) → (    ) → (    )


● SUMMARY

빈 칸에 알맞은 말을 보기에서 골라 넣어 이야기를 완성하세요.

At the strike of (    ), Cinderella ran away. She (    ) one glass slipper on the steps. The Prince tried to find the owner of the glass slipper. Finally, Cinderella (    ) on the slipper, and it fitted well. She was the mysterious (    )! Cinderella and the Prince got (    ).

a. married

b. midnight

c. dropped

d. put

e. stranger

동화 속에 나오는 마법 구두들

# MAGIC SHOES IN

## THE RED SHOES in *THE RED SHOES*
〈빨간 구두〉의 빨간 구두

The Red Shoes is about a vain girl named Karen. She tricks her rich adoptive mom into buying her a pair of red shoes. Later, Karen ignores her mom's illness and instead goes to a dance in her red shoes. But the shoes, with Karen's feet in them, start dancing by themselves. And they won't come off! Karen is terrified. She has her feet chopped off and gets wooden feet. After that, she goes to church and finds peace. In the story, the magic red shoes punish Karen's bad behavior and guide her to religion.

〈빨간 구두〉는 캐런이라는 허영심 많은 소녀의 이야기다. 그녀는 부자인 양어머니를 속여 빨간 구두를 사 달라고 한다. 그 후, 어머니가 매우 아픈데도 캐런은 빨간 구두를 신고 춤을 추러 간다. 그러나 그 구두는 캐런이 신고 있는 채로 저절로 춤추기 시작한다. 그리고 벗겨지지도 않았다. 캐런은 겁에 질려서 다리를 잘라내고 나무 다리를 얻게 된다. 이후 그녀는 교회에 나가 마음의 평화를 찾는다. 이 이야기에서, 마법의 빨간 구두는 캐런의 나쁜 행동을 벌하고 그녀를 종교로 인도한다.

# THE FAIRY TALES

## THE SILVER SHOES in *THE WIZARD OF OZ*
〈오즈의 마법사〉의 은빛 구두

In The Wizard of Oz, we first meet a young farm girl named Dorothy. Then, a tornado blows Dorothy's house, with her inside, to the land of Oz. This strange place has cute dwarves, flying monkeys, and scary witches. Dorothy gets the silver shoes from a Good Witch, and she later stops a Bad Witch from stealing them.

After having many adventures in Oz, Dorothy finally realizes that the silver shoes can take her anywhere. She finally arrives home, but the shoes are gone _ their powers remain a mystery!

〈오즈의 마법사〉에서, 우리는 처음에 도로시라는 어린 시골 소녀를 만난다. 그 후, 도로시와 그녀의 집은 폭풍에 날려 '오즈'라는 곳으로 가게 된다. 이 이상한 곳에는 귀여운 난쟁이들, 날아다니는 원숭이들과 무시무시한 마녀들이 살고 있다. 도로시는 착한 마녀에게 은빛 구두를 얻는데, 나중에 그것을 훔치려는 나쁜 마녀를 물리치게 된다. 오즈에서 많은 모험을 겪은 후, 도로시는 마침내 은빛 구두가 그녀를 어디든지 데려다 줄 수 있다는 사실을 깨닫는다. 그녀는 결국 집으로 돌아오게 되지만 은빛 구두는 사라진다 _ 그 마법의 힘은 미스터리로 남긴 채!

*a Beautiful Invitation*
– YBM Reading Library

# Snow White

Jacob Grimm & Wilhelm Grimm

# Jacob Grimm (1785~1863)
# Wilhelm Grimm (1786~1859)

그림 형제는 …

독일의 형제 작가로 평생 동안 연구와 저술 활동을 함께 하였다. 전설과 설화 등에 큰 흥미를 가졌던 그림 형제는 독일 민중들 사이에서 오랫동안 전해 내려오던 민담을 엮어 1812년부터 1857년까지 일곱 권의 동화집을 출판하였는데, 이것이 바로 전 세계 어린이들의 사랑을 받고 있는 〈그림 동화집(Grimm's Fairy Tales)〉이다. 이 동화집은 출간과 함께 호평을 받으며 널리 알려지게 되었으며, 후에 각국어로 번역되어 오늘날 세계적으로 읽혀지고 있다. 「늑대와 일곱 마리의 새끼양(The Wolf and the Seven Young Kids)」, 「백설공주(Snow White)」, 「라푼젤(Rapunzel)」, 「브레멘의 음악대(Town Musicians of Bremen)」, 「행복한 한스(Hans in Luck)」, 「황금 거위(Golden Goose)」 등과 같은 민담을 동화로 승화시킨 그림 형제는 유럽 역사상 최고의 동화 작가로 손꼽히고 있다.

# Snow White
백설공주는 …

유럽에서 옛날부터 구전되던 이야기를 각색한 것이다. 눈처럼 하얀 피부를 가졌다 하여 백설이라 이름 지어진 한 공주가 자신을 죽이려 하는 의붓 어머니인 여왕을 피해 숲 속에서 일곱 난쟁이들과 함께 지내며 겪는 일들을 그리고 있다.

백설공주는 그녀를 해치고 세상에서 가장 아름다운 여자가 되고 싶어하는 여왕 때문에 여러 번 위험에 처하지만 결국 왕자를 만나 행복한 결혼을 하게 된다. 원작인 민담에는 잔인한 부분이 많았으나, 많은 수정을 거쳐 아름다운 결말을 맺게 된 〈백설공주〉는 마음씨 착한 백설공주가 왕자와 결혼하고 사악한 여왕은 죽음을 맞이하면서 독자에게 권선징악의 교훈을 제공하고 있으며, 이로 인하여 이야기 속에 등장하는 귀여운 일곱 난쟁이들과 함께 전 세계 어린이의 사랑을 받고 있다.

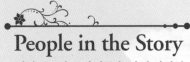

# People in the Story

백설공주의 등장인물을 함께 알아볼까요?

**Bashful**
소심한 부끄럼이

**Happy**
언제나 즐겁게
사는 행복이

**Sneezy**
당황하면 '에취,
에취' 하는 재채기

**Sleepy**
늘 반쯤 졸고 있는
졸음이

**Prince**
이웃 나라 왕자. 우연히 말을 타고
지나가다가 유리관 속에 잠든
백설공주를 본다. 백설공주가
깨어나자 그녀와 결혼한다.

**Snow White**
눈처럼 흰 피부를 가진 공주.
여왕의 질투를 피해 숲으로 달아난다.
일곱 난쟁이와 함께 살다가 왕자를
만나 결혼하게 된다.

**Woodsman**
여왕의 나무꾼. 백설공주를
죽이라는 여왕의 명령을 받지만
그녀를 살려준다.

**Doc**
난쟁이들의
우두머리인 박사

**Dopey**
약간 모자라지만
명랑한 멍청이

**Grumpy**
툴툴거려도 마음은
착한 심술이

**Queen**
백설공주의 아버지와 재혼한 여왕. 세상에서 가장
아름답기를 바란다. 마법 거울이 가장 아름답다고
말한 백설공주를 해치려 한다.

# Words in the Story

일곱 난쟁이와 백설공주 이야기에 나오는 단어들을 살펴볼까요?

**jealous**
질투하는

**wicked**
사악한

**castle**
성

**angry**
화난

**magic mirror**
마법 거울

**Queen**
여왕

**kill**
죽이다

**apple**
사과

**vain**
허영심 많은

**poison**
독

**comb**
빗

**ribbon**
리본

**the most beautiful woman**
가장 아름다운 여인

**a glass of wine**
와인 한 잔

**a piece of bread**
빵 한 조각

**plate**
접시

**knife**
칼

**spoon**
수저

**fruits**
과일

**fork**
포크

**table**
식탁

**chair**
의자

forest
숲

run away
도망치다

hide
숨다

little cottage
작은 오두막

Snow White
눈처럼 하얀 소녀

black hair
검은 머리

red lips
붉은 입술

seven dwarfs
일곱 난쟁이들

white skin
하얀 피부

small
작은

beautiful
아름다운

lovely
사랑스러운

stay
머무르다

safe
무사한

protect
보호하다

# Mirror, Mirror
거울아 거울아

Once there lived a King and Queen in an old castle.

One snowy night, the Queen was sewing a bonnet.

She pricked her finger with a needle.

When she saw the three drops of blood,

she made three wishes.

"May my daughter have hair as black as the night," [1]

she said.

---

□ once  옛날에
□ castle  성
□ sew  바느질하다
□ bonnet  보닛, 여아용 모자

□ prick  (바늘 등으로) 찌르다
□ needle  바늘
□ make a wish  소원을 빌다
□ soon after  곧

---

1 **may** …하기를, …해 주소서
  May my daughter have hair as black as the night.
  우리 딸이 밤처럼 검은 머리를 가지게 해 주소서.

2 **name + A (목적어) + 이름 (목적보어)** …를 ～라고 이름 짓다, 부르다
  So they named her Snow White.
  그래서 그들은 그녀를 백설공주라고 이름 지었다.

"May she have skin as white as snow.

May her lips be as red as blood."

Soon after, the Queen had a little daughter.

She was as white as snow, as red as blood,

and as black as the night. ☀

So they named her Snow White. ²

Mini-Less☀n

막상막하: as ~ as… (…처럼 ~한)

정도가 비슷한 것을 비교하며 '…만큼 ~한'이라고 말할 때는 「as ~ as …」를 쓰세요.
as와 as 사이에는 형용사의 원급이 들어가요.

• She was as white as snow, as red as blood, and as black as the night.
  그녀는 눈처럼 희고, 피처럼 붉으며 밤처럼 검었다.

• Tom is as tall as his brother. 톰은 그의 형만큼이나 키가 컸다.

See p.100

Chapter 1 • 63

Snow White grew up to be beautiful. [1]

But sadly, the Queen died and the King remarried.

The new Queen was beautiful.

But she was also very vain.

She often looked into her magic mirror and asked,

"Mirror, mirror on the wall

Who is the most beautiful woman of all?"

And the mirror always answered,

"You, my Queen, are the most beautiful in the land." [2]


One day, the mirror answered the Queen,

"You, my Queen, are beautiful.

But Snow White is more beautiful than you!"

The Queen turned pale with anger. [3]

She called her woodsman and said,

"Take Snow White into the woods and kill her!

I never want to see her again!"

---

□ remarry 재혼하다
□ vain 허영심이 많은
□ often 종종
□ look into ···을 들여다보다
□ wall 벽
□ land 지역, 땅

□ turn pale 창백해지다
□ woodsman 나무꾼
□ take 데리고 가다
□ woods 숲
□ kill 죽이다
□ never 절대 ···않다

② 새 여왕의 성격을 나타내는 말이 아닌 것은?
└ a. proud    b. cruel    c. warm
정답 c

1 **grow up to + 동사원형**  …로 자라다, 자라서 …가 되다
Snow White grew up to be beautiful.
백설공주는 아름답게 성장했다.

2 **You, my Queen**  당신, 나의 여왕님 (동격)
You, my Queen, are the most beautiful in the land.
나의 여왕님, 당신께서 이 세상에서 가장 아름답습니다.

3 **with anger**  분노로, 화가 나서
The Queen turned pale with anger.
여왕은 분노로 창백해졌다.

The woodsman took Snow White into the forest.

But he did not want to hurt her.

"Please don't kill me," begged Snow White.

"I will not hurt you," he said.

"Find somewhere to hide.*¹ 영어 고어의 '눈에 보이지 않는 곳에 두다'에서
유래된 말이랍니다.

Do not return to the castle!

I will tell the Queen you are dead!"²

Then he left her.

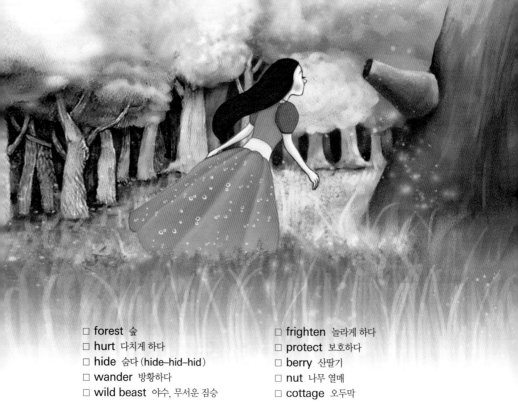

□ **forest** 숲
□ **hurt** 다치게 하다
□ **hide** 숨다 (hide–hid–hid)
□ **wander** 방황하다
□ **wild beast** 야수, 무서운 짐승

□ **frighten** 놀라게 하다
□ **protect** 보호하다
□ **berry** 산딸기
□ **nut** 나무 열매
□ **cottage** 오두막

Poor Snow White wandered through the woods.

The sounds of the wild beasts frightened her.

But the birds protected her.

And they brought her berries and nuts to eat.

It was almost dark when she found a little cottage.

"Hello, is anyone home?" she called.

But no one answered.

1 **somewhere to + 동사원형** …할 어느 곳
Find somewhere to hide.
어딘가 숨을 곳을 찾으세요.

2 **tell (that) + 절** …라고 말하다 (that 생략)
I will tell the Queen you are dead!
나는 공주님이 죽었다고 여왕님께 말하겠어요!

The door was unlocked, so she went in.

"Those seven beds are very small.

The table is set for seven! [1]

I wonder who lives here."

She was very hungry.

So she picked a little piece of food from each plate. [2]

Then she drank a little wine from each glass.

She felt tired and sleepy.

"Which of the beds is the most comfortable?" ☀

she asked herself.

She tried them all.

The seventh bed was perfect.

So she lay down and went to sleep.

---

□ unlocked (문이) 잠기지 않은
□ plate 접시
□ drink 마시다 (drink-drank-drunk)
□ feel tired 피곤을 느끼다
   (feel-felt-felt)
□ comfortable 편안한

□ ask oneself 혼잣말하다
□ seventh 일곱 번째의
□ lie down 눕다 (lie-lay-lain)
□ before long 오래지 않아
□ dwarf 난쟁이
□ wrong 잘못된

1 **be set for** …에 맞게 차려지다, 준비되다
   The table is set for seven! 식탁이 7인분으로 차려져 있네!

2 **a piece of** …의 한 조각
   So she picked a little piece of food from each plate.
   그래서 그녀는 각각의 접시에서 음식을 한 조각씩 집었다.

Before long, the seven dwarfs returned from their
work.

When they entered the cottage, they knew
something was wrong!

**?** 난쟁이 집에서 일곱 개가 아닌 것은?
a. plate  b. table  c. bed
**용 담 9**

Mini-Less :☀: n

**어떤 것이 좋을까?: which of the + 복수명사**

고만고만하게 비슷한 일곱 개 침대 중에서 어떤 것을 고를까요? 다수에서 하나를 선택할
때는 '…중에서 어떤 것을?'을 뜻하는 「which of the + 복수명사 …?」로 표현한답니다.

• Which of the beds is the most comfortable?
  이 침대들 중에서 어느 것이 가장 편안할까?

• Which of the students is the tallest?  어떤 학생이 가장 키가 크지요?

"Who sat in my chair?" said Doc,

the leader of the dwarfs.

"Who ate off my plate?" said Sleepy.

Then he yawned.

"Who picked at my bread?" said Dopey.

"Who touched my spoon?" said Sneezy.

"Atishoo! Atishoo!"

"Who used my fork?" said Happy.

"Who cut with my knife?" whispered Bashful.

"Who drank my wine?" said Grumpy.

"Oh, look! There's someone in my bed!"

They all crowded around Snow White.

"What a lovely child she is!" said Happy. [1]

"Shhhhh, don't wake her!"

The next morning, Snow White told them her story.

They felt sorry for her.

---

- leader 지도자, 대장
- yawn 하품하다
- pick at …을 조금씩 먹다
- dopey 멍청한
- sneezy 재채기가 나는
- fork 포크
- knife 칼
- whisper 속삭이다
- bashful 수줍은
- grumpy 심술난
- crowd around …의 주변에 몰려들다
- wake 깨우다
- feel sorry for …을 가엾게 여기다
- stay 머무르다
- locked (문이) 잠긴
- anyone 누구든지, 아무도

"Stay here, Snow White!" said Doc.

"But remember! The Queen will find you.

Keep the door locked! [2]

Don't open the door to anyone!"

---

1 **What a** + 형용사 + 명사 (+ 주어 + 동사)! …가 얼마나 ~한가! (감탄문)
  What a lovely child she is! 얼마나 아름다운 아이냐!

2 **keep** + A (목적어) + 형용사 A를 …한 상태로 두다
  Keep the door locked! 문을 잠가 놓으세요!

# Check-up Time!

## ● WORDS

다음의 단어에 해당되는 뜻을 찾아 연결하세요.

1 wake •                    • 다치게 하다

2 prick •                   • 재혼하다

3 remarry •                 • 방황하다

4 wander •                  • 깨우다

5 hurt •                    • 찌르다

## ● STRUCTURE

빈 칸에 알맞은 단어에 표시 하세요.

1 Your brother is _____ handsome as you.

☐ as                    ☐ more

2 My sister is as _____ as an angel.

☐ pretty                ☐ prettier

3 I am as tall _____ my father.

☐ than                  ☐ as

4 Your puppy is _____ fat as mine.

☐ as                    ☐ most

각 등장인물을 가장 잘 설명한 말을 골라 빈 칸에 기호를 쓰세요.

**1**  ____

**2**  ____

**3**  ____

**4**  ____

**5**  ____

a. beautiful but wicked    d. magical and honest

b. small and kind    e. warm and brave

c. pretty and lovely

● SUMMARY

빈 칸에 알맞은 말을 보기에서 골라 넣어 이야기를 완성하세요.

Snow White was very (   ). So the new Queen was very (   ) of her and tried to (   ) her. Snow White ran away and found the dwarfs' (   ). They helped her (   ) in their home.

a. kill    b. cottage    c. stay    d. jealous    e. beautiful

### CHAPTER 2

# The Evil Queen
사악한 여왕

The Queen thought Snow White was dead.

She believed that she was now the most beautiful woman.

One day, she looked into her mirror and said,

"Mirror, mirror on the wall.

Who is the most beautiful woman of all?"

But it had a surprising answer!

"You, my Queen, are beautiful.

But Snow White is more beautiful than you!"

---

□ evil 사악한, 못된
□ think 생각하다
　(think-thought-thought)
□ have an answer 대답하다
□ surprising 놀라운

□ jealous 질투심 강한
□ shocked 충격 받은
□ still 여전히
□ alive 살아 있는
□ gypsy 집시

1　**How can (could) ...!** 어떻게 …일 수가!
　How could Snow White still be alive!
　어떻게 백설공주가 아직 살아있을 수가!

2　**dress oneself as** …처럼 옷을 입다, …차림을 하다
　She dressed herself as an old gypsy.
　그녀는 늙은 집시처럼 옷을 입었다.

The jealous Queen was shocked!

How could Snow White still be alive! [1]

"I must kill Snow White!" she cried.

She dressed herself as an old gypsy. [2]

Then she went to the dwarf's cottage.

거울이 가장 예쁘다고 한 사람은?
a. Snow White
b. Queen
c. gypsy

정답 a

"Pretty ribbons for sale!" she called. [1]

Then she knocked on the door.

Snow White looked through the window.

"It's just an old gypsy woman," she thought.

So she unlocked the door.

"What colors do you have?" asked Snow White.

"Here's a pretty red ribbon for your dress," [※]

the old gypsy answered.

"Let me tie it for you."

"You're very kind," said Snow White.

She tied the ribbon around Snow White's waist.

But she tied it too tight!

Snow White could not breathe!

She fell to the ground.

---

□ knock on …을 노크하다
□ through the window 창문을 통해
□ just 단지, 겨우
□ unlock 문을 열어주다
□ tie 묶다

□ around …의 주위에
□ waist 허리
□ tight 꽉, 단단히
□ breathe 숨 쉬다
□ fall to the ground 땅에 쓰러지다

[1] **for sale** 판매 중인
Pretty ribbons for sale! 예쁜 리본들을 팔아요!

[2] **the end to** …의 끝
That's the end to your beauty! 네 아름다움도 이제 끝장이군!

"That's the end to your beauty!" [2]

cried the wicked Queen.

And she returned home.

Mini-Less🌞n

**여기 있어요: Here is〔are〕**

'여기에 …가 있다'는 말 많이 하죠? 이럴 때는 「Here is〔are〕…」를 쓴답니다.
'저기에 …가 있다'고 말하고 싶을 때는 here 대신 there를 쓰면 됩니다.

• Here's a pretty red ribbon for your dress.
　여기 아가씨 옷에 어울리는 예쁜 빨간 리본이 있어요.
• Here are some books to read.
　여기에 읽을 책들이 좀 있다.

Luckily, the seven dwarfs returned early that
evening.

They found Snow White lying beside the door. [1]

She was pale and breathless.

They lifted her up and cut the ribbon.

Gradually, she began to breathe more easily. [2]

Then she opened her eyes.

She told them what had happened. ☀

"The gypsy was really the Queen!" said Doc.

"Remember! Do not open the door to anyone!"

□ luckily 다행히
□ beside …의 옆에
□ breathless 숨가쁜, 숨이 찬
□ lift up 들어 올리다
□ gradually 점차로

□ open one's eyes …의 눈을 뜨다
□ happen 일어나다, 발생하다
□ go straight to …로 곧바로 가다
□ question 질문
□ scream 소리 지르다

When the Queen arrived home, she went straight
to her mirror.

She again asked it the same question.

And again it answered,

"You, my Queen, are beautiful.

But Snow White is more beautiful than you!"

Again she was angry!

"How can she still be alive!" she screamed.

"She couldn't breathe when I left her!"

---

<sup>1</sup> **lying beside the door** 문 옆에 누워 있는
They found Snow White lying beside the door.
그들은 백설공주가 문 옆에 쓰러져 있는 것을 발견했다.

<sup>2</sup> **begin to + 동사원형** …하기 시작하다
Gradually, she began to breathe more easily.
조금씩, 그녀는 숨을 더 편하게 쉬기 시작했다.

---

Mini-Lesson

**과거보다 더 과거: had + 과거분사 (과거완료)**
과거의 시점을 기준으로 해서 그 전에 일어난 일을 표현할 때는 「had + 과거분사」의
형태를 써요. 이것을 과거완료라고 하고, '…했었다' 라는 뜻이랍니다.

- She told them what had happened.
  그녀는 무슨 일이 있었는지 그들에게 이야기해 주었다.
- When I entered the kitchen, they had finished the dinner.
  내가 부엌에 들어갔을 때, 그들은 저녁 식사를 다 마치고 있었다.

So the next day, she disguised herself as an old woman. [1]

She took a poisoned comb with her.

She again knocked on the cottage door. * fine은 라틴어 '끝'에서 유래되었으며, '궁극', 즉 '최고'라는 의미로 쓰였답니다.

"Fine* combs and brushes for sale!" she called.

"I cannot open the door," said Snow White.

"Look at this pretty comb," said the old woman.

"It will look lovely in your hair.

I'll pass it through the window for you."

□ poisoned 독이 묻은
□ comb 빗
□ brush 브러시, 솔
□ pass through …를 통해서 건네주다
□ forever 영원히

□ hurry away 급히 가버리다
□ poison 독살하다
□ strange 이상한
□ remove 제거하다
□ wake up 깨어나다

But when the comb touched
Snow White's hair, she fell to
the ground.

"Now, lie there forever!" screamed the evil Queen.
Then she hurried away.

When the dwarfs returned that evening,
Snow White still lay on the ground.
"The Queen poisoned her!" cried Doc.
"Look, there is a strange comb in her hair."
When he removed it, Snow White woke up.
She promised again to keep the door and windows
locked. [2]

(?) Who sold combs and brushes?
a. Snow White
b. The Queen
c. The old dwarf

---

[1] **disguise oneself as** …로 변장하다
So the next day, she disguised herself as an old woman.
그래서 그 다음날, 그녀는 노파로 변장했다.

[2] **promise to + 동사원형** …하기로 약속하다
She promised again to keep the door and windows locked.
그녀는 다시 한 번 문과 창문들을 잠가 두기로 약속했다.

That night, the Queen asked her mirror the same question.

But again, it gave her the same answer. ☀

She screamed and shook with anger. [1]

"Snow White must die!" she cried.

She dressed herself as a farmer's wife.

Then she poisoned a red apple.

She hurried to the dwarf's cottage and knocked at the door.

"I can't open the door,"

said Snow White through the window.

"Let me give you this tasty apple,"

said the farmer's wife.

"No!" shouted Snow White.

"I can't take it."

---

☐ farmer 농부
☐ hurry to …로 서둘러 가다
☐ tasty 맛있는

☐ clever 영리한
☐ be afraid of …을 두려워하다
☐ take a bite 한 입 깨물다

---

1 **shake with anger** 분노에 떨다 (shake-shook-shaken)
She screamed and shook with anger.
그녀는 분노에 떨며 소리쳤다.

2 **one side of** …의 한 면(쪽)
Only one side of the apple was poisoned!
사과의 한 쪽 면에만 독이 묻어 있었다!

But the Queen was clever!

Only one side of the apple was poisoned! [2]

"What are you afraid of?" she said,

"Look, I will take a bite."

Now, Snow White believed the old farmer's wife.

But as soon as she took a bite,

she fainted to the ground. [1]

"This time, nothing will save you!" [2]

screamed the evil Queen.

□ **now** 이제, 지금
□ **faint to the ground** 기절하여 쓰러지다
□ **this time** 이번에는

□ **save** 구하다
□ **reply** 대답하다
□ **delighted** 기뻐하는

[1] **as soon as** …하자마자
But as soon as she took a bite, she fainted to the ground.
그러나 한 입 베어 물자마자, 그녀는 정신을 잃고 땅에 쓰러졌다.

[2] **nothing** 아무것도 …하지 않다
This time, nothing will save you!
이번엔 아무것도 널 구하지 못할 거야!

When she arrived home, she asked the mirror the
same question.

"You, my Queen, are the most beautiful in the land,"
it replied.

She was delighted!

 본문의 내용과 다른 것은?

   a. 백설공주는 독이 묻은 사과를 먹었다.
   b. 어왕은 독이 묻은 사과를 먹었다.
   c. 농부의 아내는 여왕이었다.

정답 q

 # Check-up Time!

● **WORDS**

빈 칸에 알맞은 단어를 보기에서 골라 써 넣어 문장을 완성하세요.

| tasty | clever | jealous | strange | breathless |
|---|---|---|---|---|

**1** My puppy is so _____ that it understands what I say.

**2** I was _____ after I ran to the school.

**3** The chocolate cake looks very _____.

**4** There is a _____ noise in my house.

**5** Sally feels _____ of her sister's beauty.

● **STRUCTURE**

괄호 안에서 시제에 알맞은 동사 형태를 고르세요.

**1** When I arrived home, my sister ( left, had left ) already.

**2** My mother told me what she ( did, had done ) the night before.

**3** I ( finished, had finished ) my homework before I played.

**4** You had to go there because you ( promised, had promised )
ten years before.

 ANSWERS

본문의 내용과 일치하면 True, 일치하지 않으면 False에 표시 하세요.

**1** The wicked Queen tried to kill Snow White.

☐ True ☐ False

**2** Snow White never took the apple from the Queen.

☐ True ☐ False

**3** The Queen disguised herself as an old man.

☐ True ☐ False

**4** The dwarfs asked Snow White to lock the door.

☐ True ☐ False

● SUMMARY

빈 칸에 알맞은 말을 보기에서 골라 넣어 이야기를 완성하세요.

The Queen was angry because Snow White was still
(　　). She (　　) herself and went to the dwarfs'
cottage several times. Finally, Snow White ate the (　　)
apple and died. The magic (　　) said the Queen was
the most beautiful woman. So the Queen was (　　).

a. delighted d. poisoned

b. disguised e. mirror

c. alive

ANSWERS

# The Glass Coffin
유리관

That evening, the dwarfs returned and found
Snow White.

They thought she was dead.

"She is too beautiful to be buried in the cold
ground," sobbed Grumpy. ☀

"We will make her a glass coffin," [1]

said Happy, sadly. ★

happy는 '우연히 일어나다'의 happen과 같은 어원을 가진 말로,
'뜻밖의 좋은 일'이라는 의미에서 나온 말이랍니다.

---

□ that evening 그날 저녁                □ glass coffin 유리관
□ bury 묻다 (be buried 묻히다)          □ on the hill 언덕 위에
□ sob 흐느끼다                          □ watch over …을 지켜보다

---

1  **make A (간접목적어) B (직접목적어)** A에게 B를 만들어 주다
   We will make her a glass coffin.  우리는 그녀에게 유리관을 만들어 줄 거야.

2  **place A (목적어) on** A를 …위에 놓다
   Then we will place it on the hill.  그리고 우리는 그것을 언덕 위에 놓을 거야.

"Then we will place it on the hill," [2]

cried Sleepy, quietly.

"We will watch over her," said Doc.

Mini-Lesson

See p.101

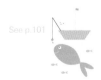

너무 …할 때는 「too ... to ~」를 쓰세요!

너무 아파서 학교에 갈 수 없다구요? '너무 …해서 ~할 수 없다'라는 뜻의
「too + 형용사 + to + 동사원형」으로 표현해 보세요

- She is too beautiful to be buried in the cold ground.
  그녀는 너무 아름다워서 차가운 땅에 묻힐 수 없어.
- I was too sick to go to school.  나는 너무 아파서 학교에 갈 수 없었다.

One day, a Prince was riding in the forest.

He saw the dwarfs around the glass coffin.

He fell in love with Snow White at first sight.

"Please let me take her with me,"

he begged the dwarfs.

"We will not part with her," said Doc. ☀

But they felt sorry for the Prince.

They finally agreed to give him the glass coffin. ¹

□ ride (말을) 타다
□ part with …와 헤어지다
□ servant 하인
□ trip over …에 걸려 넘어지다

□ rock 바위
□ crash to the ground
　큰 소리를 내며 땅에 떨어지다
□ safe 안전한, 무사한

The Prince's servants picked up the coffin.

But, one of them tripped over a rock.

The glass coffin crashed to the ground.

A piece of the apple fell out of Snow White's mouth! [2]

Then she opened her eyes.

"Where am I? What happened?" asked Snow White.

"You are safe now," said the Prince.

"I love you. Will you be my wife?"

"Yes, I will," answered Snow White.

**(?)** 유리관을 떨어뜨린 사람은?
  a. Doc
  b. Prince
  c. a servant

**○ 月号**

---

1 **agree to + 동사원형**  ···하기로 동의하다
  They finally agreed to give him the glass coffin.
  그들은 결국 그에게 유리관을 주기로 동의했다.

2 **fall out of**  ···의 밖으로 떨어져 나오다
  A piece of the apple fell out of Snow White's mouth!
  사과 조각이 백설공주의 입에서 나왔다!

Mini-Less☀n

will(···할 거야) vs. will not(···하지 않을 거야)
미래에 무엇을 할 거라고 말할 때는 will을 사용하지요. 그러면 반대로 안 할 거라고
말할 때는 어떻게 할까요? 그때는 뒤에 not을 붙여서 will not(won't)이라고 하면 된답니다.

• We will not part with her.  우린 그녀와 헤어지지 않을 것입니다.
• Will you be my wife? 나의 아내가 되어 주시겠습니까?

On the day of the wedding, the evil Queen again asked the mirror, [1]

"Mirror, mirror on the wall.

Who is the most beautiful woman of all?"

But to her surprise, the mirror answered, [2]

"You, my Queen, are beautiful.

But, the Prince's wife is more beautiful than you!"

When she heard the answer, she screamed.

Then she began to choke and suddenly died.

[1] **on the day of** …의 날에
On the day of the wedding, the evil Queen again asked the mirror. 결혼식 날, 사악한 여왕은 다시 거울에게 물었다.

[2] **to one's surprise** 놀랍게도
But to her surprise, the mirror answered. 그러나 놀랍게도, 거울은 대답했다.

Snow White and the Prince had many children.

The seven dwarfs became their godparents.

They all lived happily together forever.

□ choke 숨이 막히다
□ children 아이들, 자녀
□ godparent 대부
□ together 함께

# Check-up Time!

● **WORDS**

퍼즐의 빈 칸에 들어갈 알맞은 낱말을 쓰세요.

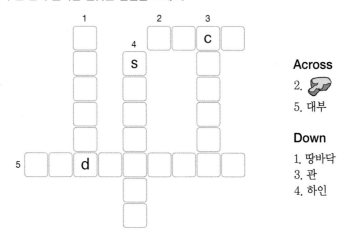

**Across**

2. 

5. 대부

**Down**

1. 땅바닥

3. 관

4. 하인

● **STRUCTURE**

보기를 참고하여 괄호 안의 단어를 바르게 배열해 문장을 다시 쓰세요.

He is too tired to go to the movie.

**1** My father is ( busy, to, too, play ) with me.

→ _____

**2** Mr. Kim is ( speak, too, to, angry ) nicely.

→ _____

아래 사건이 일어난 순서대로 번호를 쓰세요.

a. The dwarfs made a glass coffin for Snow White.

b. A piece of the apple came out of Snow White's mouth.

c. The Prince was passing by and saw the glass coffin.

d. Snow White and the Prince got married.

e. A Prince's servant carried the coffin and fell down.

(　　) → (　　) → (　　) → (　　) → (　　)

● SUMMARY

빈 칸에 알맞은 말을 보기에서 골라 넣어 이야기를 완성하세요.

The seven dwarfs were sad because Snow White was
(　　). They put her in the glass (　　). The Prince saw
Snow White and wanted to (　　) her. But the glass
coffin (　　) to the ground and Snow White woke up.
She became the Prince's (　　).

a. crashed　　　　　d. take

b. dead　　　　　　e. coffin

c. wife

**ANSWERS**

# After
# the Story

**Reading X-File** 이야기가 있는 구문 독해
**Listening X-File** 공개 리스닝 비밀 파일
**Story in Korean** 우리 글로 다시 읽기

# Let's call her Cinderella.

그 애를 재투성이라고 부르자.

★  ★  ★

새엄마와 새언니들에게 미움을 받으며 매일 벽난로 주변에서 쉴 수밖에 없었던 신데렐라. 그 때문에 신데렐라는 늘 재투성이죠. 심술궂은 새언니들은 call + 사람(목적어) + 이름(목적보어) '…를 ~라고 부르다' 라는 표현을 써서 그녀를 재투성이라고 부르자고 하는데요. 왕자님의 무도회에 갈 준비를 하고 있는 심술궂은 새언니와 새엄마의 대화로 이 표현을 다시 살펴볼까요?

Look at this new silk gown.
Do I look pretty in this dress?

이 새 실크 가운을 보세요.
이 드레스를 입으니 예뻐 보이나요?

Stepsister

Oh, you are really beautiful.
I will call you Beauty.

오, 정말 예쁘구나.
너를 뷰티라고 불러야겠어.

Stepmother

# It was time for Cinderella to leave.

신데렐라가 떠날 시간이었다.

★　★　★

왕자님의 무도회에서 즐거운 시간을 보내던 신데렐라. 어느덧 시계가 밤 11시 45분을 치자 아쉬움을 뒤로 한 채 집으로 돌아갑니다. 밤 12시가 되면 모든 마법이 풀리기 때문이죠. 이런 상황을 나타낸 위 문장에 It is time + (for + 사람) + to + 동사원형이라는 구조가 쓰였는데요, '…가 ~할 시간이다' 라는 뜻이랍니다. 대모 요정과 신데렐라도 이 구조를 사용해 대화하고 있네요.

Godmother

It's time for you to leave for the ball.
Enjoy yourself, my dear.

이제 무도회장으로 떠날 시간이다.
즐겁게 보내렴, 아가야.

Cinderella

Thank you, Godmother.
I am so excited!

고마워요, 대모님.
전 정말 흥분돼요!

# She was as white as snow.

백설공주는 눈처럼 피부가 희었다.

★　★　★

여왕은 창 밖에 내리는 눈을 바라보며 그 눈처럼 흰 피부를 가진 딸을 갖기를 기원합니다. 얼마 후 여왕은 백설공주라 이름 붙일 만큼 하얀 피부를 가진 아기를 낳게 되죠. 위 문장에서는 그 하얀 피부를 '…만큼 ~한' 이라는 뜻의 as + 형용사 + as + 명사를 써서 나타내고 있는데요, 오두막에서 백설공주를 발견한 난쟁이들도 이 표현을 사용했어요. 함께 보시죠.

Doc (Dwarf)

Look at this girl.
She is as beautiful as an angel!

이 소녀를 좀 봐.
천사만큼이나 예쁘구나!

Happy (Dwarf)

Oh, she is so lovely.
Her skin is as white as snow!

오, 정말로 예쁘다.
피부가 눈처럼 하얘!

# She is too beautiful to be buried.

공주님은 땅에 묻히기엔 너무 아름다워.

★ ★ ★

독이 묻은 사과를 먹고 죽게 된 백설공주를 발견한 일곱 난쟁이들은 큰 슬픔에 빠집니다. 그리고 백설공주가 너무 아름다워서 차마 땅에 묻지 못하겠다고 위와 같이 말하죠. '너무나 …해서 ~할 수가 없다'는 뜻의 too + 형용사 + to + 동사원형을 써서 말이에요. 그럼 나무꾼과 백설공주의 대화로 이 표현을 다시 한번 볼까요?

**Woodsman**

You are too beautiful to be killed.
Run away, Snow White!

공주님은 죽기에는 너무 아름다워요.
도망 가세요, 백설공주님!

**Snow White**

Thank you, Woodsman.
You save my life!

고마워요, 나무꾼님.
당신은 내 생명의 은인이에요!

## 01 파리에 갔어요!

t가 두 모음 사이에 오면 [ㅌ] 대신
[ㄹ]로 발음해 주세요.

신데렐라는 왕자님의 [파티]에 갔나요? 아니에요, 신데렐
라는 왕자님의 [파(아)리]에 갔어요. party의 t는 [ㄹ]로
소리 내야 해요. party 뿐만 아니라 water, butter 등도
t를 [ㄹ]로 약화시켜 [워러], [버러]로 발음해야 한답니다.
그럼, 본문 42쪽에서 [ㄹ]로 소리나는 t의 발음을 확인해
볼까요?

> As soon as Cinderella entered the (    ), the
> Prince came to her side. They laughed and
> danced all night.

**party** 들었죠? 모음 소리 [아ㅡ리]와 [이] 사이에서 t가 [ㄹ]로 약화
되었네요. [파티]가 아니라 [파(아)리]로 발음되었어요.

# 02 우원트? 아니, 우원!

-nt로 끝난 단어의 끝소리 [ㅌ]는 발음하지 않아야 해요.

want처럼 -nt로 끝나는 단어는 [ㅌ] 소리를 살짝 숨겨서 발음하세요. [우원트]가 아니라 [우원]처럼요. 미국인들은 부드러운 발음을 좋아해서 [ㅌ] 소리는 가능한 생략하려고 한답니다. 본문 28쪽에서 -nt 발음을 확인해 볼까요?

"I am your Godmother," said the fairy.
"Why are you crying, dear child?"
"I am so lonely," she sobbed.
"I ( ① ) ... I ( ② ) to go to the ball."

① **want.** [ㅌ] 소리가 생략되어 [우원]으로 발음되었어요.

② **want.** 여기서는 want 뒤에 to가 와서 [ㅌ] 발음이 중복되었죠. 이런 경우 want의 [ㅌ] 소리는 약화되고, to의 [ㅌ] 소리는 생략되어, [우워ㄴ] + [(ㅌ)어] = [워너]처럼 들린답니다.

## 03 크위인? 크웨ㅅ천?
## 외계어가 아니에요~

qu-는 입술을 앞으로 오므렸다 당기며 [크우]라고 발음해 주세요.

queen, question에서처럼 q와 u는 같이 붙어 다닙니다. 발음도 합해서 [쿠]가 되죠. 여기에 [이]나 [에]가 붙으면 [퀴], [퀘]가 되는데, 미국인들은 이것을 발음하지 못해 [크위], [크웨]라고 순차적으로 발음한답니다. 그러니까 queen, question은 [퀸], [퀘스천]이 아니라 입술을 앞으로 오므렸다가 당기며 [크위인], [크웨ㅅ천]이라고 발음해야 해요. 본문 82쪽에서 다시 확인해 볼까요?

That night, the ( ① ) asked her mirror the same ( ② ). But again, it gave her the same answer. She screamed and shook with anger.

① Queen과 ② question이 한 문장에 나왔네요. 길게 [크위인], [크웨ㅅ천]으로 읽었지요. 그럼 한번 문장을 읽어 볼까요? That night, the **Queen**[크위인] asked her mirror the same **question**[크웨ㅅ천]. 헉헉~ 힘드네요.

## 04 킬러, 살인자?
## 아하~ 그녀를 죽이라고~

문장 안의 h는 약화되어 들리지 않는 경우가 많아요.

kill her[킬러], let her [레러], tell him [테럼]. 어? [ㅎ] 소리가 어디에 갔을까요? h[ㅎ]는 약화되어 들리지 않는 경우가 많답니다. 그러다 보니 "그녀를 죽여라(kill her)."는 [킬 허]가 아닌 [킬러]처럼 들리게 되죠. 무심코 듣다 보면 "뭐? 살인자?"라고 오해할 수도 있으니, 발음을 잘 기억해 두세요. 본문 64쪽을 통해 한번 확인해 볼까요?

She called her woodsman and said,
"Take Snow White into the woods and (        )!
I never want to see her again!"

**kill her.** [킬 허]라고 했나요? 아니죠, [킬러]에 가깝게 발음했지요. 앞에서 설명했듯이 h가 단어들 사이에서 약화되어 들리지 않기 때문이랍니다.

1장 | 사악한 새엄마

**p.16~17** 옛날 옛적에 한 예쁜 소녀가 살고 있었다. 아이 이름은 엘라였다.
그녀는 부모님과 함께 행복하게 살았다. 그녀는 착하고 사랑스러운 딸이었다.
그러나 안타깝게도 엘라의 엄마가 몹시 앓다 돌아가셨다. 그녀는 죽기 전에
외동딸을 침대 곁으로 불렀다.

"사랑하는 아가야," 그녀가 말했다. "착하고 상냥해야 한다. 그러면 하느님이
언제나 널 도와주실 거야."

몇 해 뒤, 엘라의 아빠는 다시 결혼했다. 그는 새 아내가 좋은 어머니가 되리라
기대했다.

그러나 그녀는 사악한 여자였다. 그녀의 두 딸 역시 못된 데다 이기적이었다.

**p.18~19** 엘라는 아름다운 소녀로 자랐다. 새엄마와 언니들은 매우 질투심을
느꼈다. 그들은 엘라를 미워했다.

그들은 엘라에게 집안일을 모조리 떠맡겼다. 그녀는 바닥을 닦고, 빨래를 하고,
음식을 준비했다. 그녀는 해 뜰 때부터 해 질 때까지 힘들게 일했다.

불쌍한 엘라는 더러운 옷만 입었다. 그녀는 추운 다락방에서 잤다.

그러나 그녀의 새언니들은 아무 일도 하지 않았다. 그들은 양탄자가 깔린 따뜻한
침실을 갖고 있었다. 옷장에는 예쁜 옷이 가득했다. 그들은 매일 재미있게 놀면서
지냈다.

**p.20** 엘라는 슬프고 피곤했다. 하지만 그녀는 불평하지 않았다.

그녀는 일을 마치면 아궁이 옆에 앉아 몸을 따뜻하게
녹였다. 그러면 새언니들이 그녀를 놀렸다.

"쟤 좀 봐! 너무 더러워!"

"온 몸이 더러운 재투성이잖아!"

"신데렐라(재를 뒤집어 쓴 소녀)라고 불러야겠어!
그래, 신데렐라라고 부르자!"

"신데렐라, 내 새 모자 갖고 와!"

"신데렐라, 멍청하긴! 파란 모자를 갖고 와야지,
노란 모자 말고!"

**p.22~23**  어느 날, 궁전에서 초대장이 왔다. 그들은 모두 왕자의 무도회에 초대
받았다. 새엄마와 그녀의 딸들은 아주 들떴다. 그들은 하루 종일 새 옷 얘기를 했다.

"난 파란 드레스 입을 거야." 홀쭉한 새언니가 말했다.
"내가 거기서 제일 아름다운 숙녀겠지!"

"아냐, 왕자님은 나만 쳐다볼 걸." 뚱뚱한 새언니가 말했다.
"특히 내가 실크 드레스를 입는다면!"

**p.24~25**  무도회 날 신데렐라는 새언니들을 도와야 했다.

그녀는 그들의 옷을 다리고 신발을 닦았다. 그녀는 그들의 머리 손질도 도왔다.

"신데렐라." 새언니 하나가 말했다. "너 무도회에 가고 싶니?"

"가고 싶어요." 그녀가 나직이 말했다. "하지만 입을 옷이 없어요."

"오, 그렇지." 다른 새언니가 말했다. "사람들이 널 비웃을 거야!"

드디어 마차가 도착해 그들을 무도회로 데려갔다. 신데렐라는 더 이상 보이지 않을
때까지 그들을 바라보았다.

그녀는 너무 비참했다. 그래서 부엌으로 달려갔다. 그녀는 울기 시작했다.


## 2장 | 무도회 밤

**p.28~29**  갑자기 빛이 번쩍였다! 그리고 요정이 나타났다.

"난 너의 대모란다." 요정이 말했다. "왜 울고 있니, 아가?"

"너무 외로워요." 그녀가 훌쩍였다. "저도… 저도 무도회에
가고 싶어요."

"너도 무도회에 갈 수 있단다, 신데렐라!" 그녀가 말했다.
"가장 큰 호박을 가져오렴."

신데렐라는 왜 호박을 원하는지 의아했다. 하지만 그녀는
가장 큰 호박을 대모에게 가져왔다.

대모가 요술 지팡이로 호박을 쳤다.

"팅!!!"

갑자기 커다란 호박이 황금 마차로 변했다. 신데렐라는 자기 눈을 믿을 수 없었다!

"와!" 그녀가 소리쳤다.

**p.30**  "이제 헛간으로 달려가 생쥐 여섯 마리를 가져오렴." 대모가 말했다.

신데렐라가 생쥐를 대모에게 가져왔다. 그녀가 지팡이로 생쥐를 쳤다.

"팅!!!"

생쥐 여섯 마리가 여섯 마리 백마로 변신했다!

"자, 이제 커다란 검은 쥐 한 마리와 도마뱀 여섯 마리를 찾아다오."

"알았어요." 신데렐라가 말했다.

그녀는 서둘러 마당으로 가서 쥐와 도마뱀을 잡았다.

요술 지팡이로 건드리자 쥐는 마부가 되었다. 도마뱀들은 하인 여섯 명이 되었다.

신데렐라는 놀랐다.

"어머! 신기해라!" 그녀가 말했다.

p.32~33 "자, 어서 무도회에 가보렴." 그녀의 대모가 말했다.

"하지만 이렇게 더러운 옷을 입고 갈 순 없어요." 신데렐라가 슬퍼하며 말했다.

"걱정하지 말거라!" 대모가 말했다. 그녀는 지팡이로 신데렐라를 쳤다.

"팅!!!"

신데렐라는 뛰어가 거울 속의 자기 모습을 보았다. 그녀는 아름다운 드레스를 입고 있었다. 그녀의 머리에는 사파이어가 반짝이고 있었다!

이제, 대모가 그녀에게 유리 구두 한 켤레를 주었다.

"이제 잘 들으렴, 신데렐라! 자정이 되기 전에 무도회에서 나와야 한다. 자정이 넘으면 마차는 호박으로 되돌아갈 거야. 그리고 말과 마부, 하인들은 사라진단다."

"그럴게요." 신데렐라가 말했다.

"가서 재미있게 놀렴." 그녀의 대모가 말했다.

p.34~35 신데렐라가 궁전에 도착하자 왕자는 그녀의 아름다움에 놀랐다. 그는 첫눈에 그녀와 사랑에 빠졌다. 그는 그녀의 손을 잡고 무대 위로 인도했다. 그는 저녁 내내 그녀의 곁을 떠나지 않았다.

하지만 아무도 이 신비로운 낯선 소녀가 누군지 몰랐다!

"저 아름다운 소녀가 누굴까?" 사람들은 말했다.

"오, 아름다운 드레스를 봐!" 사람들이 속삭였다.

"사랑스러워." 다른 사람들이 말했다. "그녀는 공주가 틀림없어!"

신데렐라와 왕자는 밤새도록 춤을 추었다. 아무도 그녀에게서 눈을 떼지 못했다.

p.36~37 잠시 후, 시계가 11시 45분을 치기 시작했다. 신데렐라가 떠나야 할 시간 이었다. 왕자는 그녀의 손에 입맞춤했다.

"내일 당신을 다시 보고 싶소." 왕자가 말했다.

그리고 그녀의 마차가 그녀를 싣고 집으로 갔다.

그녀가 집에 도착하자 시계가 12시를 쳤다.

그러자 마차가 큰 호박으로 다시 돌아갔다. 말들은
생쥐로 변했다. 마부와 하인은 쥐와 도마뱀으로 변했다.

신데렐라는 자기의 옷을 내려다보았다. 아름다운
드레스가 더러운 옷으로 변해 있었다!

신데렐라는 아궁이 옆에 앉았다. 잠시 후, 새엄마와 새언니들이 집으로 돌아왔다.

**p.38~39** "멋진 무도회였어!" 새언니가 말했다.

"왕자님 너무 잘생겼어. 그런데 밤새도록 한 여자하고만 춤을 췄어. 그녀는 너무
아름답고 신비롭더라!"

"그 여자가 누구였어요?" 신데렐라가 물었다.

"아무도 몰라." 새엄마가 말했다. "공주일지도 몰라! 모두 그녀를 계속 쳐다봤어.
특히 왕자님이!"

"정말요?" 신데렐라가 말했다. "저도 내일 무도회에 가고 싶어요."

"뭐라고? 네 꼴을 봐!" 새언니들이 소리쳤다. "넌 너무 더러워! 멍청하게 굴지 마!"

다음 날 저녁, 그녀의 요정 대모가 다시 나타났다. 저번처럼 그녀는 신데렐라를 위해
모든 것을 준비해 주었다.

그녀의 황금빛 드레스는 예뻤다. 그녀의 머리에는 다이아몬드가 반짝였다. 그녀는
전 날 밤보다 더 아름다웠다.

"그럼 명심하거라!" 그녀의 대모가 말했다. "자정이 되기 전에 떠나거라."

"예, 잊지 않을 게요." 신데렐라는 이렇게 말하고 떠났다.


## 3장 | 유리구두

**p.42~43** 신데렐라가 무도회장에 들어오자마자, 왕자는 그녀 옆으로 다가왔다.

그들은 밤새 웃고 춤을 췄다. 신데렐라는 너무 즐거운 나머지 시간을 잊어버렸다.

갑자기 신데렐라는 시계가 자정을 치는 소리를 들었다.

그녀는 깜짝 놀라 벌떡 일어났다. 한 마디도 없이 그녀는 무도회장을 뛰쳐나왔다.
그녀는 계단 위에 유리구두 한 짝을 떨어뜨렸다. 하지만 그녀는 그것을 주울 시간이
없었다.

왕자가 뒤따라갔지만 그녀를 잡을 수 없었다. 아름다운 낯선 여인은 사라져 버렸다.
계단을 뛰어 내려가는 더러운 어린 하녀만 보였다.

왕자는 아주 상심했다. 그런데 그는 계단 위에 뭔가 반짝이는 것을 보았다. 그것은

그녀의 유리구두였다!

p.44~45 신데렐라의 마차는 사라졌다. 그래서 그녀는 집까지 걸어가야 했다.
그녀는 너무 피곤해서 앉아서 쉬었다. 곧 새엄마와 새언니들이 도착했다.
"신비로운 여인이 또 다시 무도회에 왔어." 새언니 하나가 말했다.
"그녀는 정말 아름다웠어!"
"왕자님이 그녀를 사랑하는 게 분명해!" 다른 새언니가 말했다.
"하지만 그녀는 또 다시 자정에 사라졌어!" 새엄마가 소리쳤다.
"그녀는 계속 달아나고 있어! 비밀이 있는 게 틀림없어!"
신데렐라는 계속 침묵을 지켰다. 오직 그녀만이 그 아름다운 낯선 사람의
비밀을 알고 있었다!
며칠 후, 궁전에서 선포했다: "착한 백성들은 모두 들으라.
왕자가 왕국에 있는 모든 집을 방문할 것이다.
그는 이 유리구두에 발이 맞는 소녀와 결혼할
것이다."
모두들 매우 흥분했다.
"왕자님이 진짜 사랑을 찾게 될까?" 그들은 궁금
했다.
수백 명의 젊은 숙녀들이 유리구두를 신어 보았다. 그러나 누구도 꼭 맞는 크기의
발은 갖고 있지 않았다!

p.46~47 마침내 왕자는 신데렐라의 집으로 왔다.
"내 발에 맞을 거야." 키 크고 깡마른 새언니가 말했다. 하지만 그녀의 발은
너무 길었다!
"내가 신어 보게 해줘!" 키 작고 뚱뚱한 새언니가 말했다. 그녀는 밀고 잡아당기고
했지만 그녀의 발은 너무 뚱뚱했다!
"제가 신어 봐도 될까요?" 신데렐라가 말했다.
"네가!" 새언니들이 소리 질렀다. "넌 무도회에 간 적도 없잖아! 가서 바닥이나 마저
닦아!"
"이리 와서 신어 봐요." 왕자가 다정하게 말했다. "왕국에 있는 모든 젊은 숙녀가
유리구두를 신어 봐야 합니다."
신데렐라는 앉아서 신어 보았다. 완벽하게 맞았다!
그녀는 주머니에서 다른 쪽 구두도 꺼내서 신었다.

p.48~49 갑자기 그녀의 대모가 나타났다.
그녀는 지팡이로 신데렐라를 건드렸다.

"팅!!!"

신데렐라는 다시 아름다운 드레스와
멋진 보석으로 치장되었다.

새언니들과 그들의 엄마는 깜짝 놀랐다!
그들은 무릎을 꿇었다.

"이럴 수가!" 그들은 소리쳤다.

"네가 그 신비로운 낯선 사람이구나!"

"우리를 용서해 다오." 새엄마가 빌었다.

"물론이죠. 용서할게요." 신데렐라가 상냥하게 말했다.

"당신을 너무 사랑하오." 왕자가 말했다. "나와 결혼해 주겠소?"

"그럼요, 내 사랑." 신데렐라가 말했다.

다음 날, 신데렐라와 왕자를 위한 화려한 결혼식이 열렸다. 많은 사람이 그들의
결혼을 축하하러 왔다. 신데렐라와 왕자는 그 후로도 계속 행복하게 살았다.

우리 글로 다시 읽기
## 백설공주

1장 | 거울아, 거울아

p.62~63 옛날 옛적 오래된 성에 왕과 왕비가 살고 있었다. 어느 눈 오는 밤, 왕비는
모자를 짜고 있었다. 그녀는 바늘에 손가락을 찔렸다. 피 세 방울이 떨어지는 것을
보며, 그녀는 세 가지 소원을 빌었다.

"내 딸이 밤처럼 까만 머리를 갖게 해 주세요." 그녀는 말했다. "그 애가 눈처럼 흰
피부를 갖게 해 주시고, 입술은 피처럼 붉게 해 주세요."

얼마 후 여왕은 작은 딸을 갖게 되었다. 그녀는 눈처럼 희고 피처럼 붉으며 밤처럼
까맸다. 그래서 그들은 아이를 백설공주라고 이름을 붙였다.

p.64 백설공주는 자라면서 아주 예뻐졌다. 하지만 슬프게도 왕비가 죽고 왕은
재혼했다.

새로운 왕비는 아름다웠다. 하지만 그녀는 허영심이 많았다.

그녀는 마법 거울을 수시로 보며 이렇게 물었다.

"거울아, 벽에 걸린 거울아, 세상에서 제일 예쁜 여자가 누구니?"

그러면 거울은 언제나 대답했다.

"당신, 내 여왕님이 세상에서 가장 아름답지요."

어느 날 거울이 여왕에게 대답했다.

"당신, 내 여왕님이 아름답지요. 하지만 백설공주가 당신보다 더 아름답지요!"

여왕은 화가 나서 하얗게 질렸다.

그녀는 나무꾼을 불러 말했다.

"백설공주를 숲으로 데리고 가서 죽여 버려! 다시는 그 앨 보고 싶지 않아!"

**p.66~67** 나무꾼은 백설공주를 숲 속으로 데리고 갔다. 하지만 그는 그녀를 해치고
싶지 않았다.

"제발 죽이지 마세요." 백설공주가 애원했다.

"해치지 않을 겁니다." 그가 말했다. "숨을 곳을 찾으세요.

성으로 돌아오지 마시구요! 여왕에게는 공주님이 죽었다고
말 할 게요!"

그러곤 그는 그녀를 떠났다.

가엾은 백설공주는 숲 속을 헤맸다. 들짐승의 소리가
그녀를 소스라치게 했다. 그러나 새들이 그녀를 보호했다.

그리고 새들은 그녀에게 먹을 딸기와 나무 열매를 가지고 왔다.

어두워질 무렵 그녀는 작은 오두막을 발견했다.

"계세요, 집에 누구 있어요?" 그녀가 불렀다. 그러나 아무도 대답하지 않았다.

**p.68~69** 문이 잠겨 있지 않아서 그녀는 안으로 들어갔다.

"저 일곱 침대는 너무 작아. 식탁이 7인분으로 차려져 있네!
여기 도대체 누가 사는 걸까."

그녀는 몹시 배가 고팠다. 그래서 접시마다 음식을 조금씩 집어 먹었다.
그런 다음 그녀는 잔마다 조금씩 포도주를 마셨다. 그녀는 피곤하고 졸렸다.

"어느 침대가 제일 편할까?" 그녀는 중얼거렸다.

그녀는 모든 침대에 누워 보았다. 일곱 번째 침대가 딱 좋았다.
그래서 그녀는 누워서 잠이 들었다.

얼마 안 되어, 일곱 난쟁이가 일터에서 돌아왔다. 오두막에 들어서자
그들은 뭔가 잘못 되었다는 걸 알았다!

`p.70~71` "누가 내 의자에 앉은 거야?" 난쟁이의 우두머리인 '박사'가 말했다.

"누가 내 접시의 음식을 먹어치웠지?" '졸음이'가 말했다. 그러곤 하품을 했다.

"누가 내 빵을 집어갔지?" '멍청이'가 말했다.

"누가 내 숟가락을 건드렸지?" '재채기'가 말했다.

"에취! 에취!"

"누가 내 포크를 썼을까?" '행복이'가 말했다.

"누가 내 칼로 잘랐지?" '부끄럼이'가 속삭였다.

"누가 내 포도주를 마신 거야?" '심술이'가
말했다.

"이것 봐! 내 침대에 누가 있어!"

그들은 모두 백설공주의 주위에 모였다.

"너무 예쁜 애다!" '행복이'가 말했다.

"쉬, 깨우지 마!"

이튿날 아침, 백설공주는 그들에게 자신의 얘기를 들려줬다.
그들은 모두 그녀를 불쌍하게 여겼다.

"여기서 지내, 백설공주!" '박사'가 말했다.

"하지만 명심해! 여왕이 널 찾아낼 거야. 문을 잠가! 누구에게도 열어주면 안 돼!"

## 2장 │ 사악한 여왕

`p.74~75` 여왕은 백설공주가 죽었다고 생각했다. 그녀는 자신이 가장 아름다운
여인이라고 믿었다.

어느 날 그녀는 거울을 들여다보고 말했다.

"거울아, 벽에 걸린 거울아, 세상에서 제일 예쁜 여자는 누구니?"

그러나 거울은 놀라운 대답을 했다!

"당신, 내 여왕님은 아름답지요. 하지만 백설공주가 당신보다 더 아름답지요!"

질투가 난 여왕은 충격을 받았다! 어떻게 아직도 백설공주가 살아 있을까?

"백설공주를 죽여야겠어!" 그녀는 소리쳤다.

그녀는 늙은 집시로 변장했다. 그런 다음 난쟁이의 오두막으로 갔다.

`p.76~77` "예쁜 리본 팔아요!" 그녀가 소리쳤다. 그러고는 문을 두드렸다.

백설공주가 창문으로 내다봤다.

"늙은 집시 여인일 뿐인 걸." 그녀는 생각했다. 그래서 그녀는 문을 열었다.

"어떤 색이 있나요?" 백설공주가 물었다.

"아가씨 옷에 어울릴 예쁜 빨강 리본이 있습죠." 늙은 집시가 대답했다. "제가 매어 드립죠."

"친절하시기도 해라." 백설공주가 말했다.

그녀는 백설공주의 허리에 리본을 맸다.

그런데 너무 꽉 맸다! 백설공주는 숨을 쉴 수가 없었다! 그녀는 바닥에 쓰러졌다.

"너의 아름다움도 이제 끝장이군!" 사악한 왕비가 외쳤다.

그리고 그녀는 집으로 돌아갔다.

**p.78~79** 다행히도 그날 저녁 일곱 난쟁이들은 일찍 돌아왔다. 그들은 문 옆에 쓰러져 있는 백설공주를 발견했다. 그녀는 창백했고 숨을 쉬지 않았다.

그들은 그녀를 일으켜 리본을 잘랐다. 점차 그녀는 편안하게 숨을 쉬기 시작했다. 그러곤 눈을 떴다. 그녀는 그들에게 무슨 일이 있었는지 얘기했다.

"그 집시는 분명 여왕이었어!" '박사'가 말했다. "명심해! 누구에게도 문을 열어주면 안 돼!"

여왕은 집에 도착하자 곧장 거울에게 갔다. 그녀는 다시 똑같은 질문을 했다. 그러자 거울은 또다시 대답했다.

"당신, 내 여왕님은 아름답지요. 하지만 백설공주가 당신보다 더 아름답지요!"

다시 그녀는 화가 났다!

"어떻게 아직 살아 있는 거지!" 그녀는 비명을 질렀다. "내가 떠났을 때, 그녀는 숨을 쉬지 않았는데!"

**p.80~81** 그래서 이튿날 그녀는 노파로 위장했다. 그녀는 독이 묻은 빗을 지니고 갔다. 그녀는 다시 오두막 문을 두드렸다.

"좋은 빗과 머릿솔을 팔아요!" 그녀가 소리쳤다.

"전 문을 열 수 없어요." 백설공주가 말했다.

"이 예쁜 빗 좀 보시구려." 노파가 말했다. "아가씨 머리에 잘 어울릴 거야. 내가 창문으로 넘겨줄게."

그런데 빗이 백설공주의 머리카락에 닿자 그녀는 쓰러졌다.

"자, 영원히 거기 누워 있어라!" 사악한 여왕이 소리쳤다.

그러곤 그녀는 서둘러 떠나버렸다.

그날 저녁 난쟁이들이 돌아왔을 때, 백설공주는 여전히 바닥에 쓰러져 있었다.

"여왕이 독을 썼어!" '박사'가 소리쳤다. "봐, 머리에 이상한 빗이 있어!"

그가 빗을 떼어내자 백설공주가 깨어났다. 그녀는 문과 창문을 잠그겠다고 다시 약속했다.

**p.82~83**  그날 밤 여왕은 거울에게 똑같은 질문을 했다. 그러나 또 다시 거울은 여왕에게 똑같은 대답을 했다.

그녀는 비명을 지르고 분노에 떨었다.

"백설공주는 죽어야 해!" 그녀는 소리쳤다.

그녀는 농부의 아내로 변장했다. 그러곤 빨간 사과에 독을 넣었다.

그녀는 서둘러 난쟁이의 오두막으로 가서 문을 두드렸다.

"문을 열어줄 수 없어요." 창문에서 백설공주가 말했다.

"이 맛있는 사과를 줄게." 농부의 아내가 말했다.

"안 돼요!" 백설공주가 소리쳤다. "전 받을 수 없어요."

하지만 여왕은 교활했다! 사과는 한 쪽만 독이 들어 있었던 것이다!

"뭐가 무섭니?" 그녀는 말했다. "봐, 내가 한 입 먹어볼 테니."

**p.84~85**  이제 백설공주는 늙은 농부의 아내를 믿었다. 그러나 한 입 베어 물자마자 그녀는 기절하며 땅에 쓰러졌다.

"이번에는 어떤 것도 널 구할 수 없을 게다!" 사악한 여왕은 소리 높여 외쳤다.

그녀는 집에 도착하자 거울에게 똑같은 질문을 했다.

"내 여왕님, 당신이 이 땅에서 가장 아름답지요." 거울이 대답했다.

그녀는 기뻤다!

## 3장 | 유리관

**p.88~89**  그날 저녁 난쟁이들이 돌아와 백설공주를 발견했다. 그들은 그녀가 죽은 거라고 생각했다.

"그녀는 차가운 땅에 묻히기엔 너무 예뻐." '심술이'가 울먹였다.

"그녀에게 유리관을 만들어 주자." '행복이'는 구슬프게 말했다.

"그런 다음 관을 언덕에 놓는 거야." '졸음이'는 조용하게 흐느꼈다.

"우리가 그녀를 지킬 거야." '박사'가 말했다.

**p.90~91**  어느 날, 왕자가 숲 속에서 말을 타고 있었다. 그는 유리관 주위에 있는 난쟁이들을 보았다. 그는 첫눈에 백설공주와 사랑에 빠졌다.

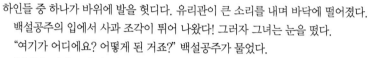

"그녀를 데려가게 해 주세요." 그는 난쟁이들
에게 애원했다.

"우린 그녀와 헤어지지 않을 거예요."
'박사'가 말했다.

그러나 그들은 왕자가 불쌍했다. 그들은
마침내 그에게 유리관을 주기로 동의했다.

왕자의 하인들이 관을 들어올렸다. 그런데,
하인들 중 하나가 바위에 발을 헛디뎠다. 유리관이 큰 소리를 내며 바닥에 떨어졌다.

백설공주의 입에서 사과 조각이 튀어 나왔다! 그러자 그녀는 눈을 떴다.

"여기가 어디예요? 어떻게 된 거죠?" 백설공주가 물었다.

"당신은 이제 무사해요." 왕자가 말했다. "당신을 사랑해요. 내 아내가 되어
주겠소?"

"예, 그럴게요." 백설공주가 대답했다.

p.92~93 　결혼식 날, 사악한 여왕은 다시 거울에게 물었다.

"거울아, 벽에 걸린 거울아, 세상에서 제일 예쁜 여자가 누구니?"

그런데 놀랍게도 거울은 이렇게 대답했다.

"당신, 내 여왕님은 아름답지요. 하지만 왕자님의 아내가 당신보다 더 아름답지요!"

이 대답을 듣자 그녀는 비명을 질렀다. 그러곤 숨이 막히기 시작해 갑자기 죽었다.

백설공주와 왕자는 많은 아이를 낳았다. 일곱 난쟁이는 아이들의 대부가 되었다.
그들은 모두 오래도록 함께 행복하게 살았다.